KB148954

마음,
그림에
담다

마음, 그림에 담다

집+나무+사람 1장의 그림으로 보는 당신의 속마음

초판 1쇄 인쇄 2017년 6월 5일
초판 1쇄 발행 2017년 6월 10일

지 은 이 이사(一沙)
옮 긴 이 김지은
펴 낸 이 고정호
펴 낸 곳 베이직북스

주 소 서울시 마포구 양화로 156, 1508호(동교동 LG팰리스)
전 화 02) 2678-0455
팩 스 02) 2678-0454
이 메 일 basicbooks1@hanmail.net
홈페이지 www.basicbooks.co.kr

출판등록 제 2007-000241호
ISBN 979-11-85160-49-8 03180

* 가격은 뒤표지에 있습니다.
* 잘못된 책이나 파본은 교환하여 드립니다.

绘画心理学 by 一沙

마음, 그림에 담다

이샤 지음 | 김지은 옮김

집+나무+사람
1장의 그림으로 보는
당신의 속마음

베이직북스

머리말

미국 드라마 〈라이 투 미(Lie to me), 2009. 1. 21〉에 나오는 라이트맨은 사람의 표정을 10배로 확대하여 그의 심리를 분석한다. 상대가 말하지 않아도 그가 무슨 생각을 하는지 알 수 있다. 이 때문에 주변 친구나 심리상담사들은 그에게 "정말 내가 무슨 생각을 하는지 알아?"라고 묻는다. 그는 자신은 마법사가 아니기 때문에 상대의 내면을 추측할 수 없지만 과학적인 방법으로 상대가 자신의 내면세계를 묘사할 수 있도록 이끌 수 있다고 한다. 특히 상담자가 그린 집, 나무, 사람만으로 그가 내면에 억압받고 있는 잠재의식을 표출하게 한다.

HTP 검사는 집(House), 나무(Tree), 사람(Person) 이 세 가지 요소를 기본으로 한다. 1948년 존 벅 박사는 '나무 그림 시험'을 개발했다. 그는 피검사자에게 종이 세 장을 주고 각 종이마다 집, 나무, 사람을 그리도록 했다. 이것이 초기의 HTP 검사다. 이후 한 장의 종이에 이 세 요소를 그리고 세 요소가 지니는 상호 관계를 분석하는 방향으로 발전했다.

HTP 검사는 투사 테스트로 피검사자가 내면 깊은 곳에 있는 의식적으로 알지 못하는 원시적인 심리 상태를 파악하는 데 그 목적이 있다. 또한 피검사자의 심리 상태를 투사하여 잠재의식을 체계적으로 끌어내어 피검사자 자신의 잠재적인 심리 문제를 해결하도록 돕는다. 특히 어떤 문제에 봉착했을 때, 내적인 장애가 있을 때 선택에 어려움을 겪고 있을 때 효과적인 심리검사로 꼽힌다.

이 책의 첫 부분은 심리상담사인 필자가 직업을 선택하는 데 장애를 겪고 있는 상황에서 HTP 검사를 통해 마지막에는 문제를 해결하는 내용으로 시작한다. 또한 다양한 사례를 분석하여 주변 사람들이 자신이 직면한 문제를 해결하도록 도왔던 내용을 수록하였다.

실제 사례들을 통해 무의식 속에 감춰진 자신의 본 모습을 깨닫고 묵혀두었던 상처를 치유하는 일이나, 문제를 해결하고 어떤 결정을 내리는 일에 이 검사가 어떤 역할을 해내는지 그 놀라운 과정을 세밀하게 보여준다.

테스트를 통해 자신을 알고 싶다면 이 책의 Part 2를 보면 도움이 된다. Part 2에는 집, 나무, 사람을 그린 후 관련 해석을 참고하면 자신의 내면세계를 이해할 수 있다. 단, 여기서 소개한 해석은 참고용이기 때문에 상세한 해석은 전문 상담사의 도움을 받거나 검사자의 자문자답 방식을 통해 심층적으로 자신을 이해해야 한다.

이 책을 통해 심리테스트의 일종인 HTP 검사를 알아가는 독자가 많았으면 한다. 또한 독자들은 이 책의 내용을 통해 자신의 내적 욕구와 심리 문제를 이해하여 내적 문제를 해결하기를 바란다. 친구들이 모였을 때 카드게임이나 타로처럼 HTP 검사를 게임으로 즐겨보기를 적극 추천한다.

마지막으로 이 책의 부록에는 아동의 그림을 통해 아동의 세계를 이해하는 내용을 담았다. 다만 여기서 소개하는 내용은 보편적인 표상과 규율을 담고 있기 때문에 아동이 심리적인 장애가 있을 경우 전문 심리상담사의 도움을 받아 자녀를 치료해야 한다.(부록: 아동을 대상으로 한 HTP 검사는 뒷표지의 QR 코드에서 확인하실 수 있습니다.)

저자가

차례

Part 1

생활 속의 집 · 나무 · 사람

-그림으로 잠재된 자신을 발견하기

Part 2

HTP 검사 사용 가이드

-그림으로 심리학 검사 따라잡기

나의 HTP(집, 나무, 사람) 검사 그림 먼저 그려보기

책을 읽기 전에 먼저 집, 나무, 사람을 그려보세요.
이 책을 읽은 이후에 그림을 그리면 영향을 받을 수 있으므로
반드시 책을 읽기 전에 그려보는 것이 좋습니다.

펜을 들고 편안한 마음으로 그리기 시작합니다.
단, 사람을 그릴 때 지나치게 간단하게
그리는 것(성냥개비 같이)은 피하도록 하세요.
시간의 제약은 따로 없으며
무엇을 얼마나 그리든 문제가 되지 않고,
원하면 지우거나 수정을 해도 무방합니다.
물론, 집, 나무, 사람 외의 다른 요소를 그려도 됩니다.
다만, 자는 사용하지 않도록 합니다.
그림을 잘 그리는지 여부는 중요하지 않습니다.

그림에 대한 세밀한 분석은 Part 2에 보다 자세히 기록되어 있습니다.
3가지 요소 외에 추가 요소들에 대한 해석도 가능합니다.
정밀 분석을 마치면, 그림 속 요소들이 가지는 원근감이나 크기,
그림 순서 등으로 전체 그림에 대한 구조적 해석까지 해보시기 바랍니다.

집, 나무, 사람을 그려보세요.

Part 1

생활 속의 집·나무·사람

그림으로
잠재된 자신을
발견하기

제1장

• • •

직업 선택을 앞두고 나타난 결정 장애

내 이름은 조(Joe), 올해 34살, 주부이자 심리상담사이다. 웨이브 머리에 검정 뿔테 안경을 즐겨 쓰는 나는 눈에 띄는 미인형도 아니고 지극히 평범한 스타일이다. 남들이 부러워하는 심리상담사라는 괜찮은 직업을 가졌지만, 지루할 정도로 똑같은 일상을 보내고 있다. 엔지니어 일을 하는 남편 알렉스(Alex)와 5년차 부부이며, 세 살 터울인 아들 둘이 있다. 알렉스 덕분에 나는 경제적으로 부담도 없고 자유롭게 내일에 집중할 수 있다.

나는 아주 유명하거나 알아주는 심리상담사는 아니라서 늘 지금처럼 큰 변화 없이 살아갈 줄 알았다. 그런 나에게 어느 날 일적으로 근사한 기회들이 찾아왔다.

"조, 나와 같이 심리상담소를 해보지 않을래? 내담자를 받으려면 조교가 필요한데 조가 적격인 것 같아."

내 지도 교수인 킹(King)은 심리상담 분야에서 명성이 자자해 내담자들이 줄을 잇는다. 교수님과 같이 일을 하면 내 상황은 많이 달라질 것이다. 나에게는 그야말로 절호의 기회였다. 그러나 내가 교수님과 같이 일을 하게 되면, 협력자로서 책임을 다해야 하는데 전에 이런 일을 해본 적이 한 번도 없다. 단순한 심리상담사였던 내가 행정 업무까지 맡아야 한다고 하니, 완벽하게 잘해낼 자신도 없었다.

킹 교수님이 제안한 자리 말고도, 연이어 상상도 못했던 두 가지 기회가 더 찾아왔다. 하나는 정부 기관 근무이고, 또 다른 하나는 심리학 전문 작가였다. 정부기관 근무라고 하지만 엄밀히 말하면 정부의 해당 산하기관 업무였다. 내담자가 많지 않은 달이라도 월급이 줄어들까 걱정할 필요도 없고, 그 외에 장점이 아주 많았다. 지금처럼 출근 시간이 자유롭지는 못하지만, 공직에서 일하기 때문에 사회적 지위가 보장되고 미래도 안정적이었다. 딱히 승진 욕심도 없고 가정도 돌봐야 하는 나에게 분명 끌리는 자리였다.

다른 하나는 짬이 날 때마다 심리와 관련된 칼럼을 잡지에 기고하고 있었는데, 친구 소개로 심리학 책을 집필할 수 있게 되었다. 심리상담을 하면서 쌓은 기술과 노하우를 대중에게 알려줄 기회가 찾아왔다. 늘 선망하던 자유로운 집필 활동을 할 수 있으니 꿈만 같았다.

새로운 기회 앞에서 망설이는 나

하지만 이런 새로운 기회 때문에 기복 없이 평온하게 살던 내가 조급하고 불안해졌다. 어떤 일을 선택해야 좋을지 하루 종일 고민에 빠졌다. 모든 일을 슈퍼우먼처럼 완벽하게 해낼 능력이 내게는 없었다. 모두 다 가지려다 모두 잃을지도 모르니 하나만 선택해야 했다. 중요한 선택의 갈림길에서 갈팡질팡하며 힘든 나날을 보냈다. 선택이라는 돌덩이가 나를 계속 짓누르는 듯 숨 쉬기조차 힘들 때도 있었다.

나 자신을 아무리 돌아보고 분석해 봐도 선택에 대한 판단이 서지 않는데, 자꾸만 새로운 문제가 생겨났다.

'나에게 결정 장애가 있나?' 하는 생각마저 들었다. 시간이 조금 지나 이것이 단순히 직업 선택의 문제만은 아니라는 사실을 조금씩 깨달았다. 무엇이 나의 자아 발전을 가로막고 있는지 원인을 찾아야 했다. 갈수록 꼬여가는 문제 때문에 내 개인 생활을 제대로 돌보지도 못하고, 지금 당장 해야 하는 일이 손에 잡히지 않아 몹시 괴로웠다.

이러한 상황이 거의 두 달간 이어졌다. 그 사이에 가족도 내가 예전과 달라졌다고 느끼기 시작했다. 가장 먼저 눈치 챈 사람은 남편이었다. 어느 날 저녁, 집안일을 모두 끝낸 후 알렉스가 타준 커피를 마시면서 이 문제에 관해 이야기를 나눴다.

"아직도 망설이고 있어? 결정을 못 내린 거야?"

"어떻게 해야 할지 모르겠어. 하늘에서 갑자기 선택하기 어려운 문제가 뚝 하고 떨어진 것 같아."

이 문제로 이야기할 때마다 가슴이 답답했다. 남편에게 내가 왜 이러는지 설명해주고 싶었지만 쉽지 않았다. 사실 나는 우유부단한 사람이 아니다. 한다고 하면 반드시 하는 사람이다. 그러나 이번엔 달랐다. 당사자인 나조차도 내가 왜 이러는지 도무지 알 수가 없었다.

"여보, 두 달이나 고민했잖아. 도대체 뭣 때문에 이렇게 망설이는 거야?"

남편의 눈빛에는 걱정이 가득했다.

"나도 모르겠어. 영영 답을 못 찾을지도 몰라. 내가 왜 이렇게 결정을 못 내리는지 나도 모르겠어!"

흥분한 나는 하소연하듯 말했다.

"결정 하나도 제대로 못 내리는 나 자신이 바보 같아."

이성을 잃고 소리까지 지르는 나 자신이 부끄러웠다. 내가 어린아이처럼 떼쓰는 모습을 남편에게 보일 줄은 몰랐다.

"알렉스, 예전에 내가 썼던 방법으로 검사해봤어. 종이 왼쪽에 장점을 쓰고 오른쪽에 단점을 쓰는 그 방법 말이야. 그런데도 결정을 못 내리겠어. 어둠 속의 어떤 힘이 나를 가로막는 것만 같아."

알렉스가 내 심정을 꿰뚫고 대신 명쾌한 답을 알려주길 바랐다. 하지만 남편은 이 분야의 전문가가 아니기에 나의 근거 없는 기대감은 실망만 안겨줄 뿐이다. 그걸 알면서도 나는 간절한 눈빛으로 알렉스를 쳐다봤다. 그렇게 하면 그에게서 정답이 나올 것만 같았다.

혼란 속에서 찾아낸 HTP 검사

"알렉스, 그냥 나 대신에 선택해줘!"

"여보, 그럴 수는 없어. 이건 당신 인생이잖아. 만약 그 방법이 효과가 없다면 다른 방법을 찾아보는 건 어때?"

"당신이 전에 그림 그리는 방법을 사용한 적 있지? 내담자에게 집, 나무, 사람을 그리게 하고는 그가 부딪힌 어려움을 분석하는 것."

알렉스의 말을 듣고 평소에 자주 사용하지 않던 그 방법이 떠올랐다. 그렇다, HTP(House, Tree, Person) 검사가 있었다. 이 검사는 아주 간단하다. 하얀 종이에 집, 나무, 사람을 각각 그리면 된다. 이 세 가지 그림을 분석하는 것만으로도 무심코 스쳐지나가는 문제의 원인을 풀어낼 수 있다. 그림 속에 담긴 자기 내면과 잠재의식을 알 수 있는 좋은 방법이다. 물론 정밀 분석 방법은 아니지만 마음속으로 진정 원하는 것이 무엇이고 내면의 힘은 어느 정도인지 알 수 있다.

"내가 왜 그 생각을 못 했지? 지금 당장 HTP 검사로 내 자신의 상태가 어떤지, 무엇이 문제인지 알아봐야겠어."

"다행이야. 그렇다면 어서 시작해 봐!"

알렉스는 몹시 궁금했는지 나를 재촉했다. 우리는 꾸물거리지 않고 곧바로 검사에 들어갔다.

그런데 여기서 잠깐, 그림을 그릴 때 주의할 점이 있다. 우선 집, 나무, 사람 이 세 요소를 그리고 다른 요소는 필요에 따라 추가해야 한다. 또한 사람을 성냥개비처럼 그리면 안 된다.

그런데 이상하게도 펜을 들자마자 강을 그리고 싶다는 생각이 강하게 들었다. 먼저 강을 그리고 난 다음에, 나무와 나무 옆에 풀을 그리고 집을 그렸다. 집을 그릴 때는 지우고 또 지웠다. 마지막으로 사람을 그리고 오른쪽 상단에 해를 그렸다. 해를 안 그리면 뭔가 빠진 것 같은 허전한 기분이 들었다.

나는 HTP 검사를 자주 하지 않았기 때문에 각 요소에 어떤 의미가 있는지 세세하게 알지 못했다. 그래서 지금 그린 집, 나무, 사람이 순수하게 나 자신의 내면을 대변해줄 거라 믿었다.

"이제 뭘 준비해야 하지?"

"그래, 오랫동안 서랍에 보관해 둔 그 노트!"

나는 잠시 곰곰이 생각하다 서랍을 뒤져, 오래전부터 소중하게 보관하던 노트 한 권을 찾았다.

"여기 있었군."

대학에 나닐 때 필기를 했넌 노트인데 오늘 이렇게 다시 마주할 줄은 생각지도 못 했다. 무심코 남겨두었던 노트가 오늘은 나의 내면세계를 열어주는 요술봉이 된 것이다. 이제 검사 결과를 알아볼 시간, 알렉스가 조심스럽게 물었다.

"자리를 비켜줄까?"

"그러지 않아도 돼. 필요하면 당신에게 말할 게."

남편은 나와 가장 가까운 사람이지만 그이 앞에서 나 자신을 숨김없이 다 보여줄 수 있을지 확신이 서지 않았다. 내 자신과 내면의 대

화를 나누다보면 이성적으로 이해하기 어려운 난처한 상황이 언제든지 일어날 수 있으니까.

다 이해한다는 듯한 알렉스의 눈빛을 보고서야 겨우 안심이 되었다. 나는 드디어 빛바랜 노트를 폈다. 오래된 탓에 몇몇 부분은 들러붙어 떨어지지 않았다. 한참 동안 페이지를 넘기다 마지막 부분에서 내가 찾던 단어를 발견했다. '집, 나무, 사람.'

집, 나무, 사람이 의미하는 것

우선 집에 관한 설명을 찾았다. 집의 일부가 기울어졌다면 대개는 가정이 불안정하다는 의미였다. 옥상 창문이 열렸다는 건 가정에서 스트레스를 받는다는 뜻이다. 닫힌 문과 창문은 방어하려는 마음이 강하고, 문과 창문이 크다는 건 외부 세계에 대한 호기심이 매우 크다는 의미다. 지붕 기와를 진하게 그렸는데 이건 강박증이 살짝 있으며 마음이 약한 사람에게 흔히 나타나는 모습이다.

"당신은 어때?"

알렉스는 불안정해 보이는 집이 무슨 의미인지 무척 궁금해 했다. 남편의 그 마음을 나는 십분 이해했다. 가정에 대한 내 생각을 알고 싶었을 테니. 그런데 분석 내용을 본 나는 의구심이 들었다.

"이걸 어떻게 설명해야 할지 모르겠어. 최대한 잘 그리려고 노력했을 뿐인데……."

말은 이렇게 둘러댔지만 HTP 검사는 정확도가 상당히 높다. 그래서 피조사자 대부분이 검사 결과를 인정하고 받아들인다. 하지만 내가 그린 집에 대한 해석은 받아들이기 힘들었다. 집이 이 검사의 핵심은 아닐 수 있으니 그리 마음 쓰지 않기로 했다.

"여보, 다른 부분까지 다 분석한 다음에 집을 다시 설명해 봐. 다른 해석이 나올 수도 있잖아."

남편의 말에 다른 요소인 나무를 살펴봤다. 나무는 세 요소 가운데 자신을 가장 잘 드러낸다. 특히 나무 기둥은 성상 시기와 관련이 있다. 나무 기둥에 줄을 많이 그은 건 과거가 순탄하지 않았음을 의미한다. 줄기에 그은 선은 성장하면서 상처를 받았지만 제대로 치료받지 못했음을 나타낸다. 그림을 보니 나무 윗부분이 연결되지 않은 채였다. 이 부분은 미래나 성과와 같은 기대감을 뜻하는데, 여기가 끊겼다는 건 자신의 미래가 불투명하다는 것을 암시한다.

"나무 윗부분은 당신의 불투명한 현재 상황을 보여주는 게 아닐까?"

알렉스는 신대륙을 발견하기라도 한 듯 이 부분을 지적했다. 게다가 기둥에 그은 수많은 선까지 놓치지 않았다.

"과거의 일을 아직 마음에 담아두고 있군."

"맞아. 부모님이 돌아가신 후 가끔 자괴감을 느낄 때가 있어."

"그러면 과거의 일 때문에 미래의 선택을 못 한다는 거야?"

알렉스의 추측이 맞았다. 선택을 앞두고 갈팡질팡한 건 바로 마음의 문제 때문이었다.

"더 검사해 봐. 다른 요소에서 새로운 사실을 찾아낼 수 있을 거야."

그림 전체에서 집과 나무에 비해 사람의 크기가 작다면 마음이 유약하다는 의미다. 성냥개비처럼 그리지 않았다 해도 손과 다리가 없으면 능력이 부족하다는 것을 뜻한다. 다시 말해서 자신에게 실천 능력이 없거나 설령 있더라도 본인 스스로 어딘가에 속박되어 있다고 생각하고 있다.

"여기서 연상되는 게 있어?"

알렉스는 이 부분이 이해하기 어려운지 내게 물었다.

"있어. 나 자신에게 '왜'라고 물을 때가 많았어. 시험에 떨어질까 봐 너무 두려웠어. 시험에 당당히 합격해 입사했으면서도, 다른 사람들이 '쟤는 자기 능력이 아닌 다른 사람의 백으로 입사한 거 아니야' 하고 쑥덕거리는 건 아닌지 쓸데없는 걱정을 많이 했어."

'왜'라는 물음은 자기 사유의 일종이다. 이 방법을 통해 자기 행동의 근본적인 원인의 배후를 밝힐 수 있다.

"다음으로 두 번째 '왜'를 물어봐야 해. '왜 나는 이렇게 생각할까?' 그리고 세 번째 '왜'를 묻는 거야. '왜 내 능력에 대해 다른 사람들이 쑥덕일 거라고 걱정할까?' 알렉스, 내게 실력이 없다고 말한 사람이 있어?"

"절대 없어!"

"당신은 당당하고 추진력이 있어. 지금까지 우리 가정을 잘 꾸려왔고 친구들 사이에서도 인정받는 능력자잖아!"

"그래."

알렉스 말이 맞다. 그 누구도 내게 실력이 없다고 한 적이 없다. 세 번째 '왜'를 물어보기 위해 내면의 소리를 들어봐야 했다.

"가끔은 사람들이 겉으로 보이는 내 모습만 보고 판단한다는 생각이 들어. 진짜 내 모습은 그렇지 않은데 말이야."

알렉스는 그림을 보다가 무언가 깨달았다는 표정을 지었다.

"여보, 자신을 무능력한 사람이라고 생각하는 거야?"

남편은 믿을 수가 없었나 보다.

"맞아! 그래서 이렇게 좋은 기회 앞에서 아무것도 선택하지 못했나봐."

나는 한숨을 푹 내쉬었다.

"그림을 보니 이제야 알 것 같아. 자신을 인정하지 않고 있었어. 결정을 내리지 못하고 망설인 것도 이상한 게 아니야."

나는 알렉스에게 조금 더 자세하게 설명했다.

"스스로 아무것도 못 하는 사람이라고 여기고 있어. 그 마음이 그림에 그대로 나온 거야. 무엇을 결정하더라도 그에 상응하는 책임을 져야 하는데 그게 두려웠던 거야. 다른 사람들에게 무능력하다는 소리를 들을 용기가 나지 않았어. 문제의 원인은 '아무것도 할 줄 모른다'고 생각하는 내 심리 상태였어."

알렉스의 표정을 보니 아직 이해를 못하는 것 같아 더 설명했다.

"책임지지 못 할 일을 맡는 게 두려운 데다, 남들에게 능력이 부족하다는 소리를 듣고 싶지 않았던 거지."

"무슨 말인지 알겠어."

알렉스도 이제야 문제의 원인이 나의 유약한 마음 때문이었다는 걸 알았다. 이제 조금 더 자세히 들어가 볼까. 내면의 '자신'이 어떤 상태인지 먼저 살펴보기로 했다.

내면의 자신은 스스로를 '능력 없는 사람'이라고 평가했으며 남들이 자신에게 무능력하다고 말하는 것을 가장 두려워했다. 차라리 선택을 안 하면 새로운 일을 할 필요도 없고, 그에 상응하는 책임을 질 필요도 없다. 그렇게 자기변명을 한다. 이건 모두 내 능력과는 무관하고, 내가 못 해서가 아니라 원하지 않아서 안한 거라고. 결국 내면의 자신이 선택을 방해한 것이었다.

나는 왜 내 능력을 믿지 못할까

HTP 검사가 아니었다면 아마 나는 이 부분을 놓치고 넘어갔을지도 모른다. 자신에게 여러 번 되물었다. '나는 왜 남들에게 능력 없다는 말을 들을까봐 두려워하지?' 그런 말을 하는 사람이 전혀 없는데. 설령 누군가에게 그런 소리를 들었다 해도 '그게 어때서?'라고 쿨하게 넘길 수도 있잖아. 풀리지 않던 문제의 답을 오늘 드디어 찾았다. 알렉스는 기뻐하면서 말했다.

"여보, 정말 다행이야. 드디어 원인을 찾았어. 자, 이제 무엇을 해야 하지? 당신 안의 '자신'이 가진 편견을 고칠 수 있는 방법이 뭘까?"

"심리 상담 이론 중에 '원인을 알면 반은 치유한 거다'라는 말이 있어. 내면의 '자신'과 어떻게 소통해서 편견을 깰지는 내 전공이 아니야."

"여보, 방금 전 집을 설명한 내용 기억해? 지붕 기와를 굵게 그렸잖아. 강박적인 느낌이 들었다면 그건 내면의 유약함 때문일 거야."

알렉스가 다시 일깨워준 말에 모든 것이 분명해졌다.

"그림 속 집에는 왜 우리 가정에 문제가 있다고 나오는 걸까?"

남편은 기울어진 집을 떠올리면서 걱정했다. 그림을 하나하나 분석하기 위해 우리는 다른 요소를 살펴보기로 했다. 나 자신이 알고 있는 것보다 내면의 비밀이 훨씬 더 많을 수도 있으니까.

그림의 강은 직업과 관련이 있다. 우선 가장 먼저 그렸던 강에는 독특한 의미가 있었다. 아니나 다를까 다음과 같은 해설이 나왔다. '문 앞의 강은 자기 격리나 자기 보호를 의미한다.' 강에 서있는 사람은 미소를 지으며 다른 사람이 자신을 구해주기를 기다렸지만 그림 어디에도 길은 없었다. 이것은 자신을 닫아버리기로 했다는 뜻이다. 강이 있다면 인간관계에서 자신을 격리시키는 상황이라고 생각해볼 수 있다. 강과 미소, 나의 존재는 이처럼 모순적이었다.

"여보, 나는 누군가 구하러 오길 원하면서도 자신의 문을 닫아버렸어. 이런 방법으로 자신을 보호할 수 있다고 생각하다니 모순적이지 않아?"

이 부분을 어떻게 설명해야 할지 힘들었다. 그래서 알렉스에게 도움을 구했다. 제3자는 객관적으로 알 수 있지 않을까.

"강이라는 닫힌 세계에 있으면 안전하다고 느끼는 거야."

"여보, 당신은 웃는 얼굴을 하고 당신을 구하러 올 사람을 기다리고 있지만 이건 단지 거짓일 뿐이야. 자, 여길 봐. 당신이 그린 사람은 손과 다리가 없어. 우리가 방금 전에 말한 추진력이 없다는 의미야. 추진력이 없는 사람이 어떻게 걸어 나올 수 있겠어? 게다가 길도 없잖아. 건널 수 있는 다리도 없고."

남편의 말이 정확히 맞다. 나는 아닌 척하는 걸 잘한다. 그래서 그림에 모순된 부분이 많다. 예를 들어, 그림 속의 집에 문과 창이 닫힌 건 방어적인 성향이 강하다는 뜻이다. 그렇지만 크기가 크니 외부 세계에 호기심이 많기도 하다. 다시 돌아가서 '왜'라는 논리로 나 자신을 분석해보기로 했다.

"강가에서 기다리는 건 좋은 의미야. 그런데 문과 창이 닫혀 있고 길이 없으니 자신을 가둔 셈이지. 왜 이러고 있을까? 이러고 있으면 무슨 해결책이 생긴다고 생각한 걸까? 아니. 무작정 강가에서 기다리고 싶었던 거야. 그게 안전할 거라고 믿었으니까."

생각이 여기에까지 이르자 순간 감정이 격해져 눈물이 좌르르 쏟아 졌다. 감정을 통제하지 못할 정도로 격렬해지는 날것 그대로의 내 모습에 내가 왜 이러는지 도무지 알 수 없었다.

"여보, 무슨 일이야? 왜 그래? 무슨 생각이 떠올랐어?"

"나도 몰라."

눈물이 멈추지 않고 계속 흐르고 또 흘렀다. 그때 갑자기 머릿속에 한 장면이 떠올랐다가 사라졌다. 순식간에 지나가버렸지만 놓치지 않고 그 장면을 머릿속에 다시 그렸다. 일곱 살 어린 여자아이가 엉엉 울고 있었다. 무슨 이유에선지 억울한 마음에 심장이 꺼질 것 같았지만, 아무것도 혼자서 할 수가 없었다. 아이는 작디작은 집에 있었다. 그 집에는 아무도 없다. 아이는 자신을 구해줄 누군가를 기다렸지만 그럴 사람이 없다는 사실을 누구보다 잘 알고 있다. 이 상황을 남편에게 알려줘야 할지 망설여졌다.

안전감을 못 느끼는 나

한참을 꺽꺽 울다 어느 정도 진정이 되어 목을 축이려 커피 잔을 들었지만, 어느새 다 식어버린 커피를 보니 마시고 싶은 마음이 사라졌다. 내 마음을 읽었는지 알렉스가 따뜻한 물을 커피 잔에 부어 후후 불어주었다. 내 곁에서 세심하게 챙겨주고 걱정해주는 남편에게 이 감정을 어떻게 말해야 할까? 이제는 나의 아주 사적인 비밀을 남편에게 털어놓아야 한다. 이 비밀을 그에게 알려주면 뭐가 달라질까? 달라지지 않더라도 그냥 후련하게 털어놓고 싶어졌다. 그리고 남편을 믿고 싶었다.

"심리상담사의 시각에서 보면 나는 안전을 못 느끼는 사람이야. 강가가 안전할 거라 여기기 때문에 다른 데로 나가고 싶어 하지 않지. 창을 많이 그린 건 외부 세계로 나가고 싶다는 의미야. 그만큼 호기심이 많아. 하지만 문과 창은 모두 굳게 닫혀 있어. 호기심은 많지만 진짜 나가고 싶은 건 아니니까."

"당신에게 밖은 안전하지 않은 곳이군. 맞아?"

"맞아."

"밖으로 나가면 왜 안전하지 않다고 생각했어?"

알렉스도 내가 사용하던 '왜'라는 질문을 던지기 시작했다. 때로는 곁의 친한 사람이 물어봐 주는 게 자문하는 것보다 더 효과가 있다.

"왜 이렇게 생각하는지 나도 모르겠어. 아빠는 임종을 앞두고 내게 이 세상에서 유일하게 무조건적으로 나를 사랑해주는 사람이 세상을 떠난다고 말했어. 당신이 죽고 나면 이제는 나 자신만 믿고 살아야 한다는 말도."

울컥한 마음에 눈물이 또 주르르 흘렀다.

"장인어른이 돌아가신 후 당신은 오로지 자신만 믿고 살았군. 여보, 당신 말고 다른 사람을 모두 믿지 못했어?"

알렉스가 주도적으로 나에게 질문하기 시작했다.

"당신에게 외부 사람들은 안전을 보장해주지 못해. 믿을 수 없는 사람들이지. 그렇지?"

"맞아."

나는 감정이 복받쳐 머리가 멍해졌다. 알렉스는 나를 그냥 놔주지 않고 계속 이어서 물었다.

"당신, 설마 나도 못 믿는 거야?"

"여보, 나도 잘 모르겠어. 당신을 믿어. 당신 말고 내가 누굴 믿겠어?"

거의 소리를 지르다시피 말했다. 남편은 내 말이 진실임을 알았다. 우리 가정은 겉으로 보기에는 행복하고 원만했다. 그런데 HTP 검사는 우리 가정이 견고하지 않다고 나왔다. 이건 남편을 신뢰하지 않아서가 생긴 문제가 아니라 내 믿음의 기반이 너무 약한 것이 문제였다. 그러니 누구의 잘못도 아니다.

"그래. 여보, 당신은 나를 믿어도 돼. 아무도 못 믿어도 나는 믿어."

남편이 따뜻하게 위로해줬다.

"지금의 선택에 너무 부담 갖지 마. 당신은 혼자가 아니잖아. 나와 두 아들이 당신 곁을 이렇게 지켜주고 있잖아. 우리가 당신의 짐을 함께 나눌게."

"고마워. 그런데 당신, 정말 화 안 났어? 검사에 기대만큼 그렇게 당신을 신뢰하는 건 아니라고 나왔는데."

처음으로 속마음을 털어놓았더니 마음의 짐이 줄어든 느낌이었다.

조금 전까지만 해도 나쁜 짓을 한 아이처럼 들킬까 봐 두려웠다. 그런데 사실 잘못을 들킨다고 해서 하늘이 무너지는 것도 아니다.

"당신을 그만큼 신뢰하지 못했나 봐."

내 마음 후련해지자고 한 이 말에 남편은 얼마나 속상했을까.

"난 괜찮아. 당신이 정말 나를 믿지 않는다고는 생각하지 않아. 다만 이건 안선감과 관련된 문제야."

알렉스는 나를 꿰뚫어봤다.

"이 문제는 우리 결혼 생활의 안전과는 아무런 관련이 없어. 당신이 비밀을 나와 함께 나누려고 해서 얼마나 기쁜지 몰라. 당신의 결정을 가로막는 장애물이 무엇인지 알았어. 그럼 이제 선택의 문제로 다시 돌아가 볼까? 다른 걸 발견했는지 함께 살펴보자."

마지막 선택

남편은 내가 HTP 검사를 한 목적을 잊지 않았다. 맞다. 나는 결정 장애의 두 가지 원인을 알아냈다. 우선 내면이 유약해서 스스로를 아무것도 못 하는 사람으로 여겼다. 게다가 책임져야 할 일이 있으면 피하려고 했다. 안전감이 결여된 것도 문제였다. 안전감이 부족하면 리스크가 큰 선택에서 망설이게 된다. 안전감이 결여되면 고정관념에 사로잡힐 수 있다.

즉, 다른 사람이 나를 도우면 어떤 보답을 바라고 한 행동일 거라는 편견이 생긴다. 그러면 다른 사람의 도움을 받지 않으려고 한다. 심해지면 남편이나 가족처럼 아무 대가를 바라지 않는 사람들의 도움까지도 피하려고 한다.

"이제 세 가지 기회를 다시 한 번 분석해 봐!"

알렉스는 우리가 궁금해 하는 문제의 답을 찾고 싶었나 보다.

"지도 교수와 심리상담소를 차리면 당신에게 이전보다 더 많은 수익이 생기지만 그만큼 리스크도 커져. 당신이 받아들이고 싶지 않은 이유가……그래, 잘 안 될까 봐 걱정했기 때문이야. 그런데 이보다 더 중요한 이유가 있었어. 이렇게까지 받아들이지 못하는 이유는 당신이 그 일에서 최고의 안전감을 느끼지 못하기 때문이지."

남편이 이렇게 질문하고 대답하는 방식이 마음에 들었다. 덕분에 나 자신을 더 잘 이해할 수 있으니까.

"정부기관 공직을 맡으면 안정된 일자리와 수입이 보장되는데 당신은 받아들이지 않아. 왜냐하면……."

"시험도 치러야 하고 친구의 도움도 필요해. 친구가 도와줄지 걱정됐어. 도와주지 않을 거라고 지레짐작으로 단정해서 도움을 요청하지 않았던 거야. 도움을 받으면 그에 합당한 무언가를 줘야 한다는 부담감도 컸고."

알렉스는 내 마음을 이해한다는 의미로 고개를 끄덕였다. 이 순간 남편은 내 심리상담사였다. 남편 덕분에 나는 한발 한발 내 자신과 대면할 수 있었다.

"전문 작가가 되면 직장에 구속되지 않고 자유로운 생활을 할 수 있어. 그런데 왜 선택을 못 했어?"

"전문 작가로는 내면의 안전감을 채우지 못해. 게다가 작가가 되면 많은 걸 포기해야 해. 안전감이 결여된 상태에서 무언가 포기해야 하는 일을 선택하기란 쉽지 않았어."

이제 드디어 좋은 기회를 앞에 두고 선택하지 못하는 이유를 정확하게 알았다.

선택을 할 때는 얻을 것만 보면 안 된다. 무엇을 포기하는지도 봐야 한다. 도대체 무엇이 이 좋은 기회 앞에서 내가 결정을 망설이도록 만들고 더 나은 자신으로 나아가는 길을 방해했을까? 그 답을 알고 나니 이제는 선택이 수월해졌다.

"여보, 이제는 선택할 수 있겠지?

알렉스는 관심어린 눈빛으로 나를 바라보며 물었다.

"응, 심리상담사로서 지금의 일을 사랑해. 전업하고 싶지 않아. 공직자도 작가도 내가 원하는 삶이 아니야."

생각이 명료해진 후 남편에게 다시 말했다.

"지도 교수와 개인 심리상담소를 여는 게 최선의 선택이야. 특기를 꾸준히 발휘할 수 있는데다 좋아하는 일도 할 수 있으니까. 높은 자리까지는 아니지만 진급도 할 수 있고 자아 발전도 할 수 있어. 또 경력이 쌓이면 그에 대한 보상도 늘어나고. 내면의 '자아'가 이제까지 나를 억누르고 있었어. 게다가 안전감이 결여되어 있었으니 선택하기가 더 어려웠지. 오늘 새로운 사실을 알게 됐어. 이 세상에서 남편만은 믿을 만한 사람이라는 것. 나에게 이런 가장 기본적인 신뢰가 필요했어."

남편의 옆구리를 쿡쿡 찌르며, 익살스러운 표정으로 웃었다. 남편의 칭찬을 기대하면서.

조의 그림

- 약간 기울어진 집 : 불안정한 가정
- 진한 기와 : 강박증 살짝 있음, 마음 약한 사람에게 흔히 보임
- 끊어진 나무 윗부분: 불투명한 미래
- 열린 옥상 창문: 가정에서 받은 스트레스

- 문 앞의 강 : 자기 격리나 자기 보호
- 닫힌 문과 창문 : 방어하려는 마음이 큼
- 큰 문과 창문 : 외부 세계에 대한 호기심이 강함
- 나무 기둥의 선 : 줄이 많으면 순탄치 못했던 과거
- 집과 나무에 비해 상대적으로 작은 사람 : 유약한 마음
- 손과 다리가 없음 : 능력이 떨어짐

제2장

'골드 싱글남' 그들만의 사정

알렉스는 최신 유행 놀이라면 사족을 못 쓴다. 몇 년 전에는 컴퓨터 게임, 최근 몇 년 동안은 보드게임에 푹 빠져 산다.

"보드게임은 여러 명이 한 자리에 모여 앉아 노니까 얼마나 좋아."

남편과 그의 친구들은 매주 일요일 오전 정기적으로 모여 농구를 했다. 금요일 오후에 친구들이 일요일 오전 늘 만나던 장소에서 농구하자는 문자를 보내고는 한다. 날씨가 푹푹 찌는 더운 날에는 실내 농구장에서 밖으로 나간다. 사람이 적을 때는 세 명이 모여 농구를 하는데 남편은 눈이 오나 바람이 부나 빠지지 않고 참여를 했다.

농구를 끝내고 오후가 되면 남편과 친구들은 보드게임을 시작한다. 사실 보드게임 모임은 매주 있다. 오전에 농구 경기에 안 온 친구도 보드게임을 하러 빠지지 않고 올 정도다.

남편은 친구들 모임에 나를 몇 번이나 초대했지만 한 번도 나간 적이 없다. 일이 바쁘고 아이들을 돌봐야 했지만 또 다른 이유가 있다. 남편의 둘도 없는 그 친구들은 대개가 싱글이다. 그래서인지 가끔 교제 중인 여자에 대해 이야기하기도 하지만 대부분의 화제는 애니메이션과 게임이었다. 남자들만 모인 자리에서 대화에 어울리기도 힘들고 지루할 것 같았다.

오늘도 보드게임을 하는 날이다. 마침 오후에 특별한 일도 없고 아이들이 여름 야영을 떠나서 혼자 여유 있게 쉬었다. 남편은 모임에 다시 한 번 나를 부르면서 친구들을 분석해달라고 했다. 친구들이 조건도 다 괜찮은데 왜 아직까지 노총각 딱지를 못 떼는지 알고 싶어 했다.

"당신 친구들은 왜 결혼도 안 하고 게임에 빠져 사는 거야?"

"노총각들의 세계를 당신은 모를 거야."

노총각들의 세계로 초대

남편의 대답을 듣는 순간 모임에 나올 노총각들을 연구해보고 싶은 마음이 들었다. 요즘 유행처럼 번지는 골드 싱글남과 결혼은 어떤 관련이 있을까? 이 남자들을 도와주는 게 의미 있는 일일 듯했다. 게다가 지난번에 HTP 검사로 나 자신의 근본적인 문제를 해결한 후 우리 부부의 애정이 더 깊어진데다, 심리학에 문외한인 남편은 HTP 검사에 한창 빠져있었다. 남편은 모임에서 HTP 검사를 하면 자기 자신을 이해할 수 있을 뿐만 아니라 친구들과 수다를 떨 때 재밌는 화제가 될 거라고 생각했다.

HTP 검사는 누구나 쉽게 이해할 수 있다. 지난번에 나를 분석할 때 힘을 보탠 경험이 인상에 남았는지, 알렉스는 자기가 반은 전문가라고 생각하는 것 같다. 새로 문을 연 보드게임 카페에 들어가자마자 남편의 목소리가 들렸다.

"여보, 여기!"

알렉스가 큰 소리로 나를 불렀다. 나는 주변을 의식하면서 남편을 살짝 흘겨봤다.

"사람이 많은 곳에서는 조금 작게 불러. 사람들에게 피해를 주잖아!"

가까이 다가가서야 남편 곁에 앉아 있던 다거(Darger)를 발견했다. 그는 우리 결혼식 때 신랑의 들러리를 서준 친구였다.

"여기는 다거, 알지. 좀 있으면 다른 내 의형제들이 더 올 거야."

나는 나머지 의형제들의 이름을 익히 잘 알고 있다. 그들도 남편의 들러리였지만 여러 해 동안 얼굴 볼 기회가 없어서 연락을 자주 못했다. 다거만 우리 집과 가까운 곳에 살아서 종종 함께 식사를 같이 했다. 다거는 대기업에 다니면서 사업도 하는데, 규모는 작지만 오래전에 자리를 잡아 경제적으로 안정되고 결혼해서 살 집도 일찌감치 장만했다.

몇 년 전에는 고급차도 한 대 샀다. 그런데 여전히 싱글이다. 여자친구를 데리고 나온 걸 본 적이 없으니 그야말로 '골드 싱글남'이다. 알렉스는 나를 소파 쪽으로 이끌면서 앉으라는 손짓을 했다.

"여보, 난 당신만 보면 왜 이렇게 기분이 좋아지고 설레는지 몰라."

"닭살 돋게 왜 이래. 벌써 몇 년 차 부부인데 아직도 설레다니!"

다거가 차를 한 모금 마시고 말을 이어갔다.

"오, 애정이 넘치는데. 볼 때마다 훈훈한 장면을 연출하다니 부럽습니다."

"왜 불편해? 이 친구 질투가 심하네."

"하늘을 봐야 별을 따지, 안 그래? 이제 나이도 먹을 만큼 먹었는데 얼른 좋은 사람 만나서 노총각 딱지 떼야하지 않겠어."

"하하하, 자네 때문에 사레 걸렸는걸."

다거는 차를 마시다 사레가 걸렸는지 기침을 해댔다. 다시 숨을 고르고 부끄러운 표정을 지으며 말했다.

"나는 골드 싱글남 축에 끼지도 못해. 라오장과 다옌이야말로 진짜 골드 싱글남이지. 나는 성사는 안 됐지만 그래도 선은 몇 번이나 봤다고."

"그래서 내가 자네를 도우려고 아내를 데리고 왔지. 아내가 심층 분석을 해줄 테니 걱정 마. 분명 자기 자신을 더 잘 알게 될 거야. 오늘 모임에 올 친구들을 다 봐줄 수 없으니 가장 먼저 온 자네부터 봐줄게."

남편은 친구들과 이야기할 때 말을 신경 써서 하지 않는다. 남편은 다른 친구들보다 일찍 결혼해 스스로 큰형뻘에 속한다고 생각한다. 그래서 친구들을 대신해서 일을 결정하거나 아이디어를 더 많이 내고는 한다. 남편의 심층 분석이라는 단어에 다거는 긴장을 했나 보다.

"저에게 최면을 걸 건가요? 아니면 심리 검사를 하는 건가요? 오래 걸리나요? 조금 이따 라오장과 친구들이 올 텐데요."

"알렉스가 과장해서 한 말에 너무 신경 쓰지 말아요. 이건 간단한 게임일 뿐이에요."

말을 마치고 나는 가방에서 펜과 A4 종이를 꺼냈다.

"그리 오래 걸리지 않아요. 여기 종이에 집, 나무, 사람 이 세 가지 요소만 그리면 돼요. 다른 요소를 그리고 싶으면 그려도 좋지만 사람을 성냥개비처럼 그리면 안 돼요!"

"알겠어요."

HTP 살롱

내 말을 듣고 다거는 그림을 그리기 시작했다. 십여 분 정도 지나 그림을 다 그렸다. 그린 종이를 나에게 건네주고 의심이 살짝 묻어나는 표정으로 나를 쳐다봤다.

"이걸로 뭘 알 수 있다는 거죠?"

다거는 집, 나무, 사람 중에 가장 먼저 집을 그렸다. 나는 이 부분을 눈여겨봤다.

"다거, 당신은 가정을 매우 중요하게 여기는군요."

내 말에 놀란 다거가 물었다.

"어떻게 알았어요?"

나는 그에게 이 검사에서 집을 가장 먼저 그리는 사람들은 '가정을 중요하게 여긴다'는 공통점을 알려줬다. 다거가 그린 집은 매우 다채로웠다. 확실히 흥미롭다. 쓱 봐도 그의 기분이 매우 좋다는 걸 알 수 있었다. 3층 주택의 주변은 아름다웠다.

멀리 산이 있고 정원에는 운동할 수 있는 배드민턴장도 있었다. 3층 주택 중 1층의 꼭 닫힌 문에는 손잡이가 없었다. 2층에는 창이 많았다. 또한 집 왼편에는 열매가 열린 큰 나무가 있었다. 집 앞에는 시원하게 흐르는 작은 강이 있고 강에는 돛단배가 보였다.

두 사람이 배에서 고기를 잡는데 너무 작아서 성냥개비처럼 표현했다. 문 앞에는 작은 길이 나있지만 길이 쭉 뻗어 있지 않고 강에서 끊겼다. 하지만 다행히 다거는 길을 나설 수 있는 장치인 돛단배를 그렸다.

다거의 그림을 분석하는데, 티와 다옌 그리고 라오장이 도착했다.

"지금 하는 게 뭐야?"

나는 HTP 검사에 관해 설명해준 다음 다거에게 이 그림에 담긴 그의 내면 심리를 여기 있는 사람들이 알아도 괜찮은지 조심스럽게 물었다.

"하하, 물론 괜찮죠. 놀이일 뿐인데요. 여기 친구들도 같이 하면 좋겠는데요."

남편 친구들은 싱글남에게 무슨 비밀이 있겠냐며 우스갯소리도 했다. 이에 나는 이 모임을 살롱의 형식으로 만들자고 제안했다. 혹시 개인적인 사생활을 언급할 필요가 있을 경우에는 개인에게 말하고 그 밖의 내용은 친구들과 편하게 공유하자는 생각에서였다. 남편과 남편의 친구들도 내 의견에 동의했다.

살롱을 이끄는 사람으로서 나는 이 상황을 설명하고 관리할 책임을 져야했다. 사실 HTP 살롱이라고 이름을 지었지만 심리 상담소처럼 경험 있는 심리상담사가 코치해야 한다.

의외로 가정을 중시하는 다거

다거에게 그림에 담긴 내용을 알려주기 전, 티와 다옌, 라오장에게도 집, 나무, 사람을 그리라고 종이를 주었다. 모두 그림을 그린 후 우리는 동그랗게 둘러앉았다. 나는 다거부터 질문하기 시작했다.

"그림 속에 그려진 삶은 미래의 삶인가요?"

"그래요. 앞으로 제 삶이 이랬으면 좋겠어요!"

"그렇군요."

"이 그림에는 다거 씨가 마음속에 그리는 이상적인 가정의 모습이 담겼어요. 이렇게 살려면 어느 정도 경제력이 뒷받침돼야 하죠. 다거 씨는 사업적인 마인드가 강하고 원대한 꿈을 품고 있어요. 강에 세워둔 돛단배는 물질과 지위를 상징해요. 그림이 시원시원하네요. 선이 비뚤거리지 않고 잘 뻗어 있고요. 자신감이 넘쳐요."

자리에 있던 친구들은 내 말을 들으면서 자신이 그린 그림을 힐끗힐끗 쳐다봤다.

"나무에 열린 열매는 다거 씨의 넘치는 에너지를 보여줘요. 또 과거에 이룬 성과를 인정한다는 의미도 있고요."

다거는 이 말에 미소를 짓고는 고개를 끄덕였다. 내 말에 동감한다는 의미였다.

"집을 크게 그린 것을 보면 가정을 매우 중요하게 여기고 있어요."

이 말이 끝나자마자 가만히 듣고만 있던 친구들이 믿기 어렵다는 표정을 지으며 끼어들었다.

"다거는 자유로운 생활을 즐기고 있어요. 가정이라는 울타리에 들어가고 싶어 하지 않는다고요!"

고개를 돌려보니 티였다. 그는 사업체를 운영하는 대표다. 나는 농담 반 진담 반으로 말했다.

"다거 씨, 당신이 보기에 어때요? 가정을 중요하게 여기면서도 어째서 지금까지 싱글 생활을 즐기고 있죠? 게다가 이제는 '골드 싱글남'이 되었잖아요?"

"딱 맞는 짝을 못 찾은 거죠! 알렉스는 운이 좋아 제수 씨 같은 분을 만난 거고요!"

"좋아요. 이 답을 찾기 위해 다거 씨의 숨겨진 속마음을 좀 보죠."

나는 반 장난으로 이 말을 하면서 신비감을 더했다.

"다거 씨 그림에는 있어야 할 것들이 다 있어요. 하지만 물질적인 조건은 모두 채워졌는데, 그림 속 두 주인공의 크기는 상대적으로 작아요. 이 점을 볼 때 다거 씨에게 반려자의 모습은 구체적으로 없는 것 같아요."

나는 잠시 말을 멈추고 사람들의 반응이 어떻게 나올지 기다렸다. 예상했던 대로 남편과 친구들은 모두 조용히 내 말만 들었다.

"다거 씨는 반려자에 대해 아무런 바람도 환상도 없어요. 그런가요, 다거 씨?"

나는 이렇게 묻고는 웃으며 다거를 쳐다봤다. 그 순간 다거는 얼굴을 붉히며 머쓱한 표정으로 자신의 뒷머리를 만졌다.

"어쩐지. 그렇게 많은 여자를 소개해도 거들떠도 안 보더니. 마음에 드는 여자는 아직 세상에 태어나지도 않았던 거네!"

친구들은 크게 웃었다. 다옌은 여기 있는 친구들 중에서 다거와 가장 친했다. 그런 다옌이 웃음을 참지 못하고 크게 웃고는 말했다.

"모르는 소리 마. 우리 다거가 얼마나 정이 많은데. 오늘은 이 여자, 내일은 저 여자, 마음을 정하지 못할 뿐이라고."

다거는 머리를 긁적이더니 난처해하는 표정을 지었다.

"집에 가서 잘 생각해 볼게. 이 집의 안주인은 어떤 사람일지."

결혼보다 사업이 먼저인 티

다거의 그림에 관한 분석이 끝나자마자 티가 자기 그림을 봐달라고 했다. 티는 키가 170 센티미터 정도로 체격이 그리 크지 않고 살짝 살이 쪘다. 흰 피부에 검정 테 안경을 끼고 있어 고상하고 점잖아 보이면서도 활달한 성격이라 친근감을 주는 사람이다.

나는 티의 그림을 보나 살짝 놀랐나. 친구들 사이에서 누구보다 활달한 사람인데 그림을 보니 그는 상당히 내성적인 성격이었다. 겉으로 보이는 성격과 그림의 내용이 너무 달라 당황스러웠다.

"당신은 내성적이면서도 상당히 현실적이죠?"

"네? 제가 어떤 면에서 현실적인 사람이라는 거죠?"

티는 살짝 미소 짓는 얼굴로 나를 쳐다보았다. 남편과 주위 친구들의 시선도 나에게 집중됐다. 만약 이 자리에서 아무것도 말하지 않으면 나를 놓아주지 않을지도 모른다는 느낌이 들 정도로.

"자, 제가 집, 나무, 사람을 그리라고 했어요. 티 씨는 딱 이 세가지만 그렸네요. 그 외에 다른 건 아무것도 그리지 않았어요. 그림이 전부 단순하고 꾸민 부분도 없이 명확하고 간결해요."

"생각이 단순하고 명확한데다 직설적인 특징이 여기에 그대로 나타나네요."

"잘 보셨어요."

"하고 싶은 일이 생기면 어떻게든 방법을 찾아내서 행동으로 옮겨요. 하지만 제가 현실적인 사람이라고 생각해본 적은 없어요."

"예전에 큰 상처를 받은 적이 있죠?"

티가 그린 나무줄기에 상처가 눈에 띄었다. 하지만 나는 이 자리에서 과거의 상처를 말하는 것은 그다지 적절하지 않다고 생각했다. 티는 잠시 고민하다 말했다.

"맞아요."

이 말을 끝으로 티는 침묵했다. 더 이상 말하고 싶지 않은 것 같아 내가 말을 이었다.

"사업을 하고 있지만 아직 시작 단계예요. 지금 모든 열정을 사업에 쏟아야 할 시기지 성과를 바랄 단계는 아니라고 생각하는군요."

"정말 잘 맞히네요. 어떻게 알았나요?"

티는 놀란 표정을 지었다.

"올해 초 예전에 하던 사업을 접고 지금은 다른 사업을 새로 시작했어요."

"그림에 그렇게 나와 있어요!"

티의 칭찬에 나는 조금 으쓱해져서 자랑하듯이 말했다. 게임처럼 HTP 검사를 하니 내 말투도 조금 편하게 나왔나보다.

"얼핏 보면 이 그림은 어딘가 쓸쓸하고 질서가 없어 보여요. 자세히 볼까요? 나무는 자기 자신을 보여줘요. 나무는 줄기가 길게 뻗어 있지만 상처들이 많죠. 그런데 나뭇가지에는 새로운 싹이 돋고 있어요. 자, 이것은 무엇을 의미할까요? 자신의 사업이나 생활을 새로운 출발선에서 시작한다는 뜻이에요. 여기서 저는 티 씨가 엉켰던 과거의 일을 끝내고, 지금은 새로운 사업의 시작 단계라는 사실을 알아냈어요.

집을 보세요. 창문이 꼭 닫혀 있어요. 현재 티 씨의 심리 상태는 성숙했지만 속마음을 털어놓고 싶지는 않아요. 창문 두 개를 보면 예전처럼 외부세계를 향한 호기심이 많다는 사실을 알 수 있고요."

나는 진심으로 그에게 긍정적인 이야기를 해주었지만 한편으로는 찜찜했다. 티는 왜 겉으로 보이는 모습과 그림 속 모습이 다를까?

"지금 한 말씀이 모두 맞아요. 혹시 저와 결혼하고 싶어 하는 여자를 아직도 만나지 못한 이유도 알려줄 수 있나요? 여러 여자와 사귀었지만 모두 다른 남자에게 가버렸어요. 잘생긴 외모도 다 소용없는 건가요?"

티는 장난치듯 농담처럼 말했다. 하지만 그 모습 너머로 그의 마음속에 자리 잡은 자괴감이 느껴졌다. 이때 알렉스가 끼어들었다.

"여기 친구들 모두 다 비슷한 처지야. 너무 마음에 담아두지 마."

남편은 티의 어깨를 토닥였다. 티에게 힘을 불어 넣어 주려는 그의 마음이 내게도 전달됐다.

"제수 씨, 계속 말씀해주세요."

'제수 씨'라는 호칭을 들으니 남편의 친구들과 가족이 된 기분이 들었다.

"자, 집을 다시 보세요. 외출하려는 티 씨가 보이네요. 이 남자는 무엇을 하려는 거죠?"

내 질문에 티는 머뭇거리다 대답했다.

"일하러 가는 거겠죠."

"맞아요."

"현재 티 씨에게는 사업이 가장 중요해요. 목표도 매우 명확하고요. 지금 하는 사업을 성공시키고 싶기 때문에 다른 일에 정력을 낭비하고 싶지 않은 거예요. 맞나요?"

"아마도요. 제수 씨, 그래서 아까 저에게 현실적이라고 한 건가요?"

"이 친구, 하나를 가르쳐주면 둘을 아네!"

알렉스가 똑똑한 친구를 둔 것이 자랑스럽다는 듯 큰소리로 말했다.

"티 씨, 사업과 가정을 어떻게 생각하는지 알려줄래요?"

나는 모든 조건이 완벽한 티가 감정적인 부분에 문제가 있는 진짜 이유를 알고 싶었다. 티는 생각을 정리한 후 말했다.

"성공과 가정이라, 당연히 사업 성공이 먼저고 그 다음이 가정이죠. 제대로 된 생활 조건을 갖추지 못해서 여자를 고생시키면 안 되잖아요."

평소에 희희낙락 별 고민 없어 보이고, 가장 모범생에서 멀어보였던 티였다. 실상 알고 보니 티는 이렇게 진지하게 고민했다. 싱글을 벗어나지 못했던 이유가 사실은 티 씨 자신에게 있었다.

그는 자신이라는 벽을 넘지 못했다. 사업에 성공한 다음 결혼하겠다는 생각이 그를 지배했다.

감정 파악이 부족한 라오장

"자, 다음은 누구 차례야?"

알렉스가 리더 본능을 숨기지 못하고 순서를 정했다.

"라오장, 네 그림을 보자."

라오장의 그림을 볼 때쯤 이미 자리에 있던 사람들은 HTP 검사 결과를 보는 법을 대강 터득했다. 그래서인지 라오장의 그림을 보면서 잠시 토론이 벌어졌다.

"라오장, 자네 겉은 무뚝뚝한데 마음은 따뜻하군! 삶의 낙을 즐길 줄도 알고 말이야!"

다옌의 농담에 자리에 있던 우리는 모두 크게 웃었다. 이 순간 나는 라오장을 훑어봤다. 라오장은 중학생 때 별명이 애늙은이였다고 한다. 어릴 때부터 조숙했기 때문이다. 라오장은 전형적인 이과 스타일의 남자다. 멋 내지 않은 헤어스타일에 금테 안경, 약간 통통하지만 다부진 체형, 누가 봐도 성실해보이고 말수가 적은 사람이다. 하지만 두 손으로 가슴을 감싼 모습에서 방어적인 자세를 엿볼 수 있었다.

모두 라오장을 놀리고 있고 본인도 친구들의 농담을 즐기고 있지만 정작 라오장 자신은 농담을 하거나 남에게 쉽게 다가갈 수 있는 사람은 아니었다. 이런 생각을 하면서 그의 그림을 보니 눈에 띄는 부분이 있었다. 전체 그림에서 집이 가장 먼저 눈에 들어왔다. 라오장이 상당히 큰 집을 그렸기 때문이다.

그림의 선은 간결하고 창이 많았지만 모두 닫혔다. 외부 세계를 향한 호기심은 많지만 상대적으로 심리적으로는 폐쇄적인 상태였다.

"라오장, 당신은 이 집을 어떻게 생각하고 있나요?

"저는 이런 집이 좋아요. 예전에 이런 집을 본 적이 있는데 마음에 쏙 들었어요."

라오장이 대답했다. 이때 다거가 끼어들었다.

"이게 바로 라오장이 꿈에 그리는 집이로군!"

이어서 검사를 마친 티가 경험자로서 분석을 하듯 말했다.

"창이 많다는 건 외부세계에 호기심이 많다는 걸 의미하지. 자네는 상당히 개방적인 사람이야. 제 말이 맞죠?"

"네, 맞아요. 하지만 문이 닫혀 있으니 라오장 씨는 마음에 보수적인 면이 있군요."

"집 오른쪽에 독립된 공간이 있는데 문은 열려 있네요. 라오장 씨, 여긴 어디죠?"

나는 라오장의 설명을 듣고 싶었다.

"차고예요."

"다른 용도로 사용할 수도 있어요. 다만 아직 구체적으로 생각하지는 않았어요."

"네. 어찌됐든 자신만의 공간을 원하고 있군요. 자주 이런 생각을 하나요?"

나는 추측한 부분을 확인하기 위해 물었다.

"네. 가끔씩 그런 생각을 해요."

라오장은 부정하지 않았다.

"지금 사업이 난관에 부딪혔나요? 그림을 보니 사업이 가정에 영향을 주고 있어요. 싱글인 상황과 사업은 관련이 크다는 생각이 들어요."

"어떻게 그리 잘 아세요? 정말 신기하군요!"

라오장은 HTP 검사 결과를 인정하면서 말을 이었다.

"맞아요. 그렇게 생각하고 있어요. 사업 조건은 꽤 괜찮지만 지금 하는 일을 보면 주변에 여자 동료가 별로 없어요. 있다 해도 결혼했기 때문에 절대 넘봐서는 안 돼요."

"라오장, 적극적으로 움직여 봐. 지난번에 누구더라, 자네한테 여자 분을 소개해주겠다고 한 사람도 있었잖아? 잘 좀 해봐!"

알렉스는 진심으로 응원해주고 싶었나보다.

"그 여자는 안 돼. 내가 마음에 안 드나봐. 자네 자꾸 끼어들지 좀 마."

라오장은 이어서 나에게 말했다.

"어떻게 알았는지 아직 말 안 했어요."

나는 라오장에게 어떻게 알았는지 구체적으로 설명했다.

"그림을 보세요. 큰 나무가 집을 막고 있죠. 나무는 자아 발전을 의미해요. 하지만 때로는 사업으로 볼 수도 있죠. 집은 가정을 의미하고요. 그림에서 나무와 집을 사이에 두고 큰 길이 나있어요. 사업이 라오장 씨의 가정을 가로막는다는 의미죠. 가정과 사업, 이 두 가지 사이에서 균형을 맞추지 못하고 있어요."

나는 그림을 손으로 가리키면서 설명했다.

"네, 맞아요."

"하지만 방법이 없어요. 그렇다고 지금 하는 일을 바꿀 수는 없잖아요."

"일을 바꿀 필요는 없어요. 사업이 가정을 막는 건 라오장 씨가 그렇게 생각하고 있기 때문이에요."

에둘러 말해서 혹시나 라오장이 내 말의 의미를 잘 이해했을까 하는 생각이 들었다.

"제가 그렇게 생각한다는 건 무슨 뜻이죠? 사업이란 게 원래 그렇지 않나요?"

역시나 라오장은 내 말의 의미가 명확하게 파악되지 않았는지 다시 물었다.

"라오장 씨, 그림을 보면 바둑을 두는 두 사람이 있죠. 두 사람은 어떤 관계인가요?"

나는 질문을 통해 라오장이 문제를 어떻게 인식하는지 계속해서 이끌어냈다.

"저와 저의 배우자예요. 특별히 할 일이 없을 때는 차를 마시고 정원에서 바둑을 두죠. 이게 무슨 관련이 있나요? 다거는 반려자와 낚시하는 그림을 그리지 않았나요?"

"라오장 씨, 여자 친구가 없는 이유는 일 때문이 아니에요."

내가 말을 잠시 멈추자 남편과 남편의 친구들의 시선이 모두 내 쪽으로 향했다.

"감정을 파악하는 능력이 부족할 뿐이에요. 서로 호감이 있는지 없는지 구분할 줄 모른다는 말이에요."

"하하하, 어쩐지. 소개 받은 여자들과 만남이 재미없다고 투덜거리더니 상대의 감정을 알아채는 눈치가 없어서였네."

티는 물귀신 작전이라도 하듯 능글맞게 웃었다. 이 말을 듣고 라오장은 고개를 가로저었다. 자신이 왜 그러는지 정확한 이유를 알지 못하는 게 분명했다.

"두 사람이 바둑을 둔다는 건 서로 힘겨루기를 하는 상태라는 뜻이에요. 라오장 씨는 논리적인 사고로 문제를 생각하는 걸 좋아해요. 그래서 행동도 이성적인 판단에 따라 하죠."

라오장이 내 말을 이해하지 못할까 우려되어 잠시 그에게 생각할 시간을 줬다. 어떻게 하면 더 쉬운 말로 설명해 줄 수 있을까 나는 고민했다.

"무슨 말인지 조금 알 것 같아요. 그게 제 문제예요. 뭔가 느낌이 오는 사람을 찾고 싶어요."

"라오장, 나도 그런 느낌을 찾고 있어."

그때 침묵하고 있던 다거가 라오장의 말에 맞장구를 쳤다.

"라오장 씨와 다거 씨 모두 느낌을 중요하게 생각해요."

다거는 인정하는 듯 고개를 끄덕였다.

"그렇지만 라오장 씨는 아마도 과거에 경험해 본 듯한 느낌일 것 같네요. 예전에 오랫동안 편지를 나누던 펜팔 친구에게 받았던 그런 느낌말이에요. 그렇지 않나요?"

"맞아요. 중학생 때 3년 동안 편지를 주고받던 친구가 있었어요. 아주 사랑스런 여학생이었죠."

"그 후로는 어떻게 됐어?"

다옌이 몹시 궁금했는지 나서서 물었다.

"그게 전부야. 고등학교에 올라가서 연락이 끊겼어."

라오장의 짧은 말에 나는 그림에서 그가 쏟았던 당시의 감정이 지금까지 마음에 무겁게 자리한다는 걸 알아챘다.

"그래서 문 앞에 우체통을 그렸군요. 당시 펜팔 친구에게 품고 있던 감정이 아직 남았다는 의미예요. 이후 다른 여성을 만날 때에도 무의식적으로 같은 감정을 찾으려고 했을 거예요."

"네. 아마도요."

직접 말은 안 했지만 라오장은 마음이 맑은 사람이다. 그림 속 대나무만 보더라도 그는 매우 강인하고 강직한 사람이다. 또한 순수하면서도 공격적인 성향을 품고 있다. 이 부분은 사람들이 모인 자리에서 꺼내기가 적절치 않다고 여겨 더 이상 말하지 않았다.

마지막으로 다옌의 그림을 분석하려 할 때쯤 밖은 어느새 어둑어둑 해졌다. 우리 모두 검사에 너무 집중했는지 오후가 순식간에 지나가버렸다.

"여보, 피곤해 보이는 데 우리 이제 나가서 밥이나 먹을까?"

나에게 휴식 시간이 필요하다는 걸 남편이 눈치챘나보다. 자리에 있던 남편의 친구들도 흔쾌히 동의했다.

다거의 그림

- 전체적으로 그림이 시원시원하고 선이 비뚤거리지 않고 잘 뻗어있음. 자신감이 넘침

- 큰 집 : 가정 중시

- 돛단배 : 물질과 지위 상징

- 나무에 열린 열매 : 넘치는 에너지, 과거에 이룬 성과

- 작은 사람 : 사람의 크기가 상대적으로 작음. 반려자의 모습이 구체적이지 않음

HTP 해석

티의 그림

- 전체적으로 단순하고 꾸민 부분 없이 명확하고 간결함
- 생각이 단순하고 명확함

- **닫힌 창문** : 속마음을 털어놓고 싶지 않음
- **두 개의 창문** : 외부 세계에 대한 호기심

- **나뭇가지의 새로운 싹** : 사업이나 생활의 새로운 출발선에 있음

- **나무 줄기의 많은 선** : 과거의 상처가 있음

HTP 해석

라오장의 그림

- **갯수는 많지만 닫힌 창** : 외부 세계를 향한 호기심은 많지만 심리적으로 폐쇄적임
- **집 외의 별도 공간** : 자신만의 공간을 원함
- **바둑을 두는 두 사람** : 힘겨루기를 하는 상태. 논리적 사고를 좋아함
- **집을 막고 있는 나무** : 사업이 가정을 가로막고 있음. 가정과 사업이 균형을 이루지 못함

제3장

유학길에 만난 남자, 그의 굴레

나는 오늘 오랫동안 알고 지낸 친구인 엔젤을 만나기로 했다. 중학생 사춘기 시절을 가장 가까이 보낸 사이였지만, 엔젤이 싱가포르에 있는 대학으로 유학을 가면서 연락이 조금씩 뜸해지다가 언젠가부터 끊겨버렸다.

엔젤이 귀국한 후에는 SNS로 연락을 했는데 오늘 드디어 밖에서 만나게 됐다. 우리는 최근에 새로 문을 연 한국 카페에서 만나기로 약속을 정했다. 아직 개업한 지 얼마 되지 않아 사람이 많지 않고 오후에 비까지 추적추적 내리니 손님이 더 없었다.

몇 년 전 엔젤이 잠깐 귀국했을 때 그녀를 만난 적이 있다. 당시 그녀는 짧은 스포츠머리에 박스 티를 어깨에 걸치고 초미니 스커트를 입었다. 길고 늘씬하게 쭉 뻗은 다리에 굽이 낮은 샌들을 신은 모습이 매우 인상적이었다. 우리는 쑹산로(嵩山路)의 작은 카페에서 오전에 만나 늦은 밤까지 이야기를 나누고 또 나눴다.

"죄송한데, 지금 문 닫을 시간이라 이제 그만……."

우리는 새벽 2시 반까지 길거리를 걸었다. 무슨 할 말이 그리도 많이 남았는지. 늦은 시간이라 버스와 지하철이 모두 끊겨 택시를 타고 집으로 돌아가야 했다. 그런데 시간이 너무 늦어서인지 택시 잡기가 어려웠다. 집에 못 갈까 전전긍긍 하는 그 순간 엔젤이 늘씬한 다리를 걷고 지나가려는 택시를 가로 막았다.

"택시!"

겨우겨우 택시에 탄 우리는 집에 갈 때까지 차 안에서 또 다시 깔깔거리며 수다를 이어갔다. 그 후 엔젤은 다시 싱가포르로 떠났지만, 거기서 무슨 일이 있었는지 더 이상 나에게 연락이 오지 않았다.

과거와 달라진 엔젤

몇 년 만에 다시 만난 엔젤은 머리를 뒤로 대충 묶고, 양 어깨에 가방을 멨다. 검은 뿔테 안경에 몸에 딱 붙는 흰색 셔츠를 입고 있었지만 어떤 생기도 느껴지지 않았다. 그녀는 더 이상 내 기억 속의 엔젤이 아니었다. 회사를 다닌다더니 일이 힘들어서일까. 그 어디에서도 패셔너블하던 그녀의 모습은 찾을 수가 없었다. 지난 시절 끼가 넘치고 발랄하던 엔젤과 지금 내 앞에 있는 엔젤은 같은 사람이라고 보기 어려웠다.

"늦어서 미안. 많이 기다렸어? 비가 와서 택시 잡기가 좀 어려웠어."

조심스럽게 예의를 차리는 엔젤의 모습이 너무나도 낯설었다.

나는 즐거웠던 과거를 첫 화제로 삼고 이야기를 시작했다. 그런데 맞은편의 엔젤은 시종일관 아무 말도 하지 않았다. 라테를 마시거나 커피 잔을 손으로 어루만지는 게 다였다.

"그거 기억나? 우리 중학교 3학년 때 화학경시대회를 준비 실험을 하나 실수해서 폭발 사고가 날 뻔했잖아."

그제야 엔젤은 살짝 미소 지었다.

"다 지나간 일이잖아."

엔젤의 웃는 얼굴이 따뜻하게 느껴졌지만 검은 테 안경 너머의 표정은 어딘가 일그러져 보였다. 안경으로 자신을 숨기면서 남에게 들키지 않으려는 것 같았다.

"난 싱가포르에서 가장 유명한 배우가 될 거야!"

내 머릿속에는 부푼 꿈을 안고 싱가포르로 떠나던 그녀의 모습이 아직도 생생하게 남아 있다. 그래서일까. 지금 내 앞에 앉아 인상을 찡그리며 커피 잔을 빙빙 돌리거나, 멍하니 먼 곳을 응시하는 그녀의 모습이 너무 낯설었다.

"왜 귀국한 거야?"

"외국에 사는 게 싫었어!"

엔젤은 잘못을 저지른 아이가 반항하며 말하는 것처럼 거친 목소리로 말했다.

"외국이 별거야? 난 여기서 더 성공할 거야!"

강한 각오가 느껴지는 말이지만 어딘가 그녀의 어투에는 체념이 묻어났다. 나는 마음에도 없는 말을 하는 엔젤이 안타까웠다.

어쩌다 엔젤이 이렇게 변했을까? 그녀가 마음의 문을 열고 스스로 이야기를 꺼내도록 하는 것은 그리 쉽지 않았다. 결국 나는 엔젤에게 단도직입적으로 물었다.

"엔젤, 못 본 사이에 많이 변한 것 같아. 무슨 일이 있었던 거니?"

"있는 건 맞아. 그런데 어떻게 말해야 할지 모르겠어."

그녀는 갈등했다. 마음속에 담아놓은 비밀을 모두 쏟아내기 위한 출구를 찾고 있지만, 한편으로는 두려운 마음이 드는 듯 했다. 엔젤은 마음의 벽을 쌓아두고 나를 멀리 하려 했다. 그런 그녀를 무엇보다 먼저 안심시켜야 했다.

부모가 만들어준 삶

"엔젤, 마음을 놓아도 돼. 우리 편하게 게임 하나 할까? 내가 너의 마음을 알아맞혀볼게. 맞는지 봐줄래?"

그녀는 호기심 가득한 얼굴로 고개를 끄덕였다. 무슨 게임으로 자기 마음을 꿰뚫어볼지 궁금했나보다. HTP 검사로 엔젤 자신도 모르는 그녀의 진짜 문제를 알 수 있기를 바라며 가방에서 종이와 펜을 꺼냈다. 엔젤에게 5분 동안 집, 나무, 사람을 그리라고 했다.

"집, 나무, 사람 말고 다른 것도 그려도 돼?"

"당연하지."

엔젤은 20분 후에 그림을 완성했다. 그녀는 선 하나하나에 정성을 기울여 그리느라 주어진 시간을 초과했지만 나는 계속 그리라고 했다. 엔젤은 종이를 내게 건네면서 그림을 너무 못 그려서 미안하다고 했다. 자신의 진실한 모습을 그렸다면 잘 그리든 못 그리든 상관없다.

나는 그녀의 그림을 보다 그만 깜짝 놀랐다. 그녀의 그림에서 생각지도 못한 것을 발견했기 때문이다. 그녀와 직접 이야기를 나눠도 될지 모를 일이었다. 친구라도 서로 어느 정도 거리는 지켜야 하지 않는가. 내가 만일 선 안쪽으로 한 발 넘어가버렸다가 친구 관계가 깨질 수도 있겠다는 생각이 들었다.

내가 무척 난처해하고 있을 때 엔젤은 독심술을 부렸는지 내 마음을 꿰뚫고 먼저 말했다.

"너는 전문 심리상담가잖아. 나에게 문제가 있으면 숨기지 말고 무엇이든 다 말해. 난 널 믿어."

말은 이렇게 했지만 그녀의 말투에서 확신이 느껴지지 않았다.

"좋아. 그럼 우리 같이 그림을 보자!"

나는 그녀가 그린 그림을 탁자에 올려놓았다. 엔젤도 초롱초롱한 눈으로 자신이 그린 그림을 응시했다. 그림에서 가장 먼저 이상하게 느낀 건 연기가 나는 굴뚝이었다. 여자가 그린 그림에서 굴뚝 연기는 대부분 성적으로 억압 받는 불안감을 의미한다.

하지만 이는 대단히 민감한 문제였기 때문에 엔젤을 곤란하게 할 수 있었다. 그래서 먼저 가볍게 이야기할 수 있는 부분부터 분석하기 시작했다.

"그림 속에 있는 사람 중에 누가 너니?"

그녀는 의외였는지 나를 한 번 흠칫 보고 대답했다.

"그림 속에 나는 없어."

"그럼 네가 그린 사람들은 누구야?"

“나도 몰라. 그냥 생각 없이 그렸어.”

엔젤은 내 질문에 바로 대답했다. 마치 타로 점을 보듯 여기서 그녀의 알 수 없는 운명을 읽어냈다.

“구름을 보면 너는 공상이 많은 낭만적인 사람이야.”

엔젤이 가벼운 미소를 지었다. 아마도 이 말이 듣기 좋았나 보다.

“그런데 해를 1/4만 그렸네. 왜 그랬는지 설명해 줄래?”

“별 의미는 없어. 그냥 생각나는 대로 그렸을 뿐이야.”

“해에 선을 네 개만 그은 걸 보니 현재 상태에 어떤 힘이 부족하다는 걸 의미해. 맞니?”

엔젤은 고개를 들고 놀란 눈빛으로 나를 쳐다봤다. 내 말이 맞는 게 분명하다. 하지만 이건 시작에 불과했다.

"지금 상태가 아주 좋은 건 아니야. 마음대로 안 되거나 힘에 부치는 일이 있구나. 그러니?"

"분명히 즐겁고 좋아하는 일인데 의욕이 생기질 않아. 친구들이 식사를 하자고 해도 핑계를 대면서 거절하고 집으로 숨기 바빠. 사람 만나는 일이 너무 힘들고 피곤해. 예전에는 즐겁고 신나던 일이 이제는 하나도 재미가 없어. 나도 내가 왜 이러는지 모르겠어."

이것이 바로 엔젤이 나를 찾은 진짜 이유였다. 그녀는 자신이 왜 이러는지 알고 싶어 했다. 우리는 다시 그림을 보았다.

나무는 자신을 의미한다. 연기 나는 굴뚝 말고 엔젤이 그린 나무에서도 이상한 점이 보였다. 그녀는 모양이 전혀 다른 나무 두 그루를 그렸는데 한 그루는 왼쪽, 나머지 한 그루는 오른쪽에 있었다. 집, 나무, 사람 중에 왼쪽은 대개 과거를 의미한다.

왼쪽 나무는 뿌리 부분을 매우 크게 그렸다. 이건 현실세계에 맞선 지배 능력을 의미한다. 즉, 엔젤은 과거에는 자기 삶을 지배할 수 있었다고 생각했다. 나무의 열매는 성과 · 업적과 큰 관련이 있는데 과거의 자신에게 상당히 만족한다는 의미다. 그녀의 과거는 성취감으로 가득했다. 학교 성적은 우수했고 해외 유학을 많이 가지 않던 시절에 싱가포르로 유학을 가서 자신이 좋아하는 예술을 전공했다. 과거의 자신을 꿈 많고 뜨거운 열정의 소유자로 생각했다.

"싱가포르로 유학 간 걸 자랑스럽게 생각하는구나. 왼쪽의 큰 나무는 수확의 계절을 말해줘. 삶을 스스로 만들어가는 의미도 담겨 있어."

"맞아. 아마도 내 평생 가장 성취감을 많이 느낀 때일 거야."

"그럼 지금은 안 그러니?"

"응."

"귀국한 지 얼마 안 됐을 때는 적응을 못 해서 힘들었어. 직장을 구하기도 만만찮고 친구들과도 연락이 안 됐어. 하지만 지금은 많이 좋아졌어. 회사도 다니고 모든 게 정상으로 돌아왔어."

심리상담사는 늘 '현재'에 주목한다. 지금은 비록 친구 사이로 만났지만 심리상담사로서 적극적으로 내 맞은편에 앉은 사람이 겪고 있는 문제를 해결하도록 도울 수 있다. 현재 성취감을 못 느낀다는 엔젤의 말은 그녀의 가장 직접적인 반응이자 진심이었다. 많이 좋아지고 정상으로 돌아왔다는 뒷말은 단지 보충 설명에 불과했다.

나는 세심하게 그녀의 목소리 톤, 어투, 씁쓸하게 짓는 표정 등을 살폈다. 그녀에게서 새로운 삶의 희열과 흥분은 느낄 수가 없었다. 어떤 이유를 들어 자기합리화를 해도 스스로 만족하지 못할 것이다. 이에 나는 단도직입적으로 물었다.

"지금 하는 일에 만족하니? 우리 이야기를 더 나눠보자."

"만족해……."

그녀는 더 이상 이야기를 이어가고 싶어 하지 않았다. 엔젤은 심리적으로 방어기제를 작동시키며 내 질문을 거부하기 시작했다. 아마도 그녀 자신은 전혀 못 느낄 수도 있다. 하지만 나는 알았다. 그래서 일부러 신비감을 더해서 말했다.

"정말 그래? 그런데 네 그림을 보니 아니라고 나오는데?"

엔젤은 긴장한 모습이 역력했다. 그러고는 잠시 후 조심스럽게 물었다.

"그림에서 뭘 봤어?"

"많은 걸 봤지. 오른쪽 나무는 현재의 너를 의미해. 그런데 선이 곧고 약해보이는 나무줄기를 보니 현재 삶에 적응하지 못하고 있어. 네가 그린 사과나무 모양의 수관은 다른 이의 관심과 인정을 받고 싶다는 메시지를 드러내고 있어."

엔젤은 침묵했다. 나는 그녀가 무엇을 생각하는지 잘 알고 있었기 때문에 그녀가 침묵을 지키도록 아무 말도 하지 않고 기다렸다.

"귀국하고 나서 무기력해졌어. 마땅한 일을 찾지 못하니까 더 하기 싫어지더라."

"회사에서 행정 업무를 보고 있어. 누구나 할 수 있는 그런 단순한 일이야. 그런데 이 자리도 부모님의 인맥으로 겨우 들어간 거야. 내가 현재의 일에 불만스러워한다는 네 말, 인정해. 하지만 이런 일이라도 하지 않으면 내가 뭘 할 수 있겠어?"

그녀는 또 다시 스스로 결론을 내리고 대화를 끝내버렸다. 나는 그제야 그녀와 친밀해질 수 있는 방법을 조금 찾은 것 같았다. 엔젤은 스스로 분석하고 결론을 낸 후 이성적으로 자기 자신을 설득했지만, 사실 속마음은 그렇지 않다는 걸 나는 알았다.

"수관과 나무 사이에 곁가지를 그렸네. 뾰족하고 위로 향해 있는 걸 보니 너는 공격적이지만 그걸 잘 감추고 있어."

"전혀 의식하지 못했던 부분이야. 사람들과 소통하지 않은 지 꽤 됐어. 그런데 어떻게 공격적일 수 있겠니?"

의구심을 보이는 걸 보니 그녀는 내 말에 동의할 수 없었나 보다. 이제 이 검사는 더 이상 단순한 게임이 아니었다. 엔젤을 돕기로 했으니 앞에서 말한 그녀의 말을 정리해봐야겠다. 그러다보면 그녀는 무언가 생각날 것이다.

"너는 돌아오기 싫었다 해도 결과적으로는 귀국했어. 게다가 지금 하는 일을 좋아하지 않지만 어쩔 수 없이 하고 있어. 내 말이 맞니?"

"그래."

"아무것에도 흥미가 생기지 않아. 지금 하는 일 때문인 거니?"

"네가 지금 하는 일과 상황이 불만이라 무기력하다는 거구나!"

그런데 엔젤의 반응은 확실히 의외였다.

"이 일이 정말 맘에 들지 않아. 내가 싫어하는 분명한 이유가 있어. 이 일은 우리 엄마가 소개해준 거야. 내가 무엇을 하든 주위에 나를 주시하는 눈이 많아. 부모님이 내 삶을 정해놓는 걸 원치 않아. 일도 사랑도 결혼까지 말이야. 도대체 언제 끝이 날지 모르겠어."

"그래. 무슨 말인지 알겠어. 네 부모님은 너에게 울타리를 만들고 절대 넘지 못하게 하고 있어. 그런 느낌이니?"

나는 엔젤의 그림을 다시 보았다. 왼쪽 나무의 옆으로 곧게 난 길이 보였다.

"이 길이 바로 네 부모님이 너를 위해 만든 거야. 그렇지?"

"맞아. 우리 부모님은 나에게 울타리를 만들었어. 하지만 나는 그 울타리에 닿지 않도록 스스로 더 작은 울타리를 하나 더 쳤어. 불만이 많지만 드러내지 않을 뿐이야."

엔젤의 상황이 그림에 잘 드러났다. 엔젤은 손가락으로 커피 잔을 쓸었다. 이런 작은 움직임으로 그녀는 자신의 불만을 표현했다.

"다른 일을 하겠다고 생각한 적은 있니?"

"아니. 이 일은 부모님이 힘들게 알아보고 소개해 준 거야."

엔젤은 손으로 검은 테 안경을 살짝 위로 올렸다. 그녀의 말투에 신뢰가 없다는 느낌이 강하게 전달되었다.

"몇 달 동안 알아봤어. 하지만 보다시피 원하는 직장을 찾지 못했어."

"지금도 부모님에게 의지하고 싶니?"

"부모님이 내 삶을 계획하는 게 싫어."

엔젤은 오른손을 세차게 저으면서 반항적인 말투로 말했다. 강한 반감의 표시였다.

"엔젤, 너는 지금 부모님으로부터 독립하고 싶은 마음도 있고, 그렇지 않은 마음도 동시에 있다는 거 알고 있니? 자신의 힘으로 살고 싶지만 속마음은 그렇지 않아. 부모님에게 계속 의존하고 싶기도 해. 참 모순적이지?"

그녀는 미간을 찌푸리며 찻잔의 손잡이에 자꾸 손을 가져갔다. 무언가 생각할 때 손가락으로 찻잔의 손잡이를 만지는 버릇이 있었다. 그녀는 지금 내면의 초조함을 달래고 있다.

"그래, 네 말이 맞을지도 몰라."

"엔젤, 그림의 위쪽 날카롭게 튀어나온 부분은 억압당한 잠재의식의 갈등을 보여주고 있어. 감춰진 공격성이지. 누구를 향하는지 말해줄 수 있겠니?"

"부모님이겠지."

"왜 그렇게 생각하니?"

"어릴 적 부모님은 내 생활을 계획해주셨어. 나를 위해 모든 걸 결정했지. 어느 대학에 지원할지, 유학 가서 무엇을 공부하며, 언제 귀국할지 등 내 삶의 모든 일을 말이야. 내가 결정한 건 하나도 없어. 부모님은 나를 당신의 희망으로 여기셨어. 결국 이제는 자존감도 없고 부모님을 떠나서 아무것도 할 수 없어. 나는 이런 삶이 싫어. 예전에는 단지 싫다는 느낌뿐이었는데 지금은 이 상황을 도저히 견딜 수가 없어."

조용하던 엔젤은 점점 흥분하기 시작했다. 특히 부모님을 떠나서 아무것도 할 수 없다는 말에 격분하는 모습까지 보였다. 자신을 향한 실망과 부모님에 대한 원망이 이 한마디에 모두 섞여 있었다.

"하지만 예전에도 부모님은 너의 길을 설계해 놓으셨어. 그때는 성취감을 느끼지 않았니?"

그녀를 구체적으로 돕기 위해 더 깊이 들어가 보기로 했다. 이 질문에 엔젤은 한참이나 뜸을 들였다.

"예전의 경험은 모두 성공했다고 생각하기 때문일 거야."

그녀는 자기 말이 맞는지 확인하기 위해 나를 쳐다봤다.

"싱가포르에서 유학할 때는 정말 자유로웠어. 부모님의 속박에서 벗어나 무엇이든 내 마음대로 결정했으니까."

엔젤은 그때를 생각하며 잠깐 밝은 미소를 띠었다.

"어린 시절 생각이 갑자기 나네. 넌 어릴 때부터 무용을 아주 잘했어. 늘 학생 대표로 공주 옷을 입고 무대에 올랐잖아."

"그랬지. 나는 무대에서 주목을 받는 느낌이 무척 좋았어. 예쁜 옷을 입는 것도. 음악이 시작되면 사람들은 모두 내가 추는 춤을 감상했잖아."

그녀는 과거 회상에 빠졌다.

"이게 내가 진정으로 좋아하는 일이었을 거야."

"예술 관련 일을 할 수도 있었잖니?"

"부모님이 허락하지 않았어."

여기서 그녀의 모순된 모습이 보였다. 그녀는 이미 자기 문제가 무엇인지 알았지만 해결책이 없었다. 문제를 해결할 방법을 찾아야 하는데 해결의 주체라 할 수 있는 엔젤은 바로 벽을 만들어 버렸다. 나와 그녀 앞에 놓인 견고한 벽을 허무는 일이 쉽지 않다는 것을 느꼈다. 엔젤의 그림에서 집과 사람이 아주 흥미로웠다.

"사람은 무엇을 의미하니?"

"그림 속의 사람은 자기 자신과 가장 닮아 있는 부분이야. 그래서 사람을 그릴 때 의식적으로 방어기제가 작동해. 무의식에서 의식에 이르기까지. 그래서 사람은 일반적으로 자신을 꾸미는 데서 시작해. 아까 그림에서 너는 없다고 말한 것도 방어기제가 작동했기 때문이야. 거기다 그림 속의 사람을 봐. 모두 성냥개비 같지?"

"이건 또 뭘 의미하는 건데?"

"네가 모르는 사이에 무언가를 회피한다는 의미야. 혹은 자신에 대한 공감도가 높지 않다는 의미이기도 해. 그림을 더 자세히 보자. 여기 고양이와 함께 노는 사람이 너와 비슷한데 맞니?"

나는 천천히 그녀에게 유도 질문을 했다.

"그림 속 아가씨 기분은 어떠니?"

"이 아가씨는 분명 신나 있어. 친구들이 함께하고 있잖아. 내가 생각하는 유년 시절은 이랬어."

"지금은 외롭다는 느낌이 들 때가 있니?"

"응. 그래. 싱가포르에서 공부할 때도 그랬어. 하지만 그때는 남자 친구가 곁에 있어 그나마 괜찮았어. 유학생 모임이나 파티에서 함께 어울려 놀았어."

무의식의 보호자, 남자 친구

엔젤이 주도적으로 남자 친구 이야기를 꺼냈다. 이 화제는 핵심이 될 수 있었기 때문에 그녀가 조금 더 이야기해주었으면 했다.

"지금은 남자 친구와 어때?"

"헤어졌어."

엔젤이 어딘가 둘러댄다는 느낌이 들었다. 그녀는 이 이야기를 더 하고 싶어 하지 않았다. 갑자기 의외로 냉담해졌다.

"네가 귀국한 것과 관련이 있니?

"그렇기도 하고 아니기도 하고. 싱가포르에 있을 때부터 그다지 사이가 좋지 않았어. 정도 들긴 했지만. 남자 친구는 일은 하지 않으면서 내 돈을 많이 갖다 썼어. 심지어 내 컴퓨터도 가져가버렸어."

그녀는 어딘가 부자연스럽게 목소리가 날카로워지다 다시 차분해지려고 노력했다.

"남자 친구가 나와 같이 싱가포르로 돌아갈 때 유난히 담배를 많이 사더라고. 그러고는 내 짐에 넣었어. 아무것도 모르던 나는 출국할 때 잡혀서 감옥에 갇히기도 했어."

"그런데 왜 그와 계속 사귀었어?"

내 오랜 친구인 엔젤에게 이 말을 듣고 마음이 아팠다.

"남자 친구는 나쁜 짓을 더 많이 했어. 내 돈을 훔치기도 했거든. 내 돈 전부를 가지고 도망간 적도 있어. 생활비 한 푼도 안 남겨 놓고 말이야. 이런저런 이유를 대며 돈을 빌려갔지만 한 번도 갚지 않았어. 집세도 반반씩 내기로 하고 한 번도 안 냈지."

엔젤은 갈수록 흥분했다.

"그 자식은 인간쓰레기야! 그거 아니?"

"왜 헤어지지 않았어?"

그녀가 왜 그런 인간과 함께했는지 나는 도저히 이해할 수 없었다. 엔젤은 남자 친구를 언급하면서 증오를 많이 드러냈다. 연인이 아니라 원수처럼 생각했다.

"너는 몰라. 절대 몰라."

엔젤의 목소리가 작아졌다.

"엔젤, 그림에 다른 두 사람은 누구니?"

"여자아이의 엄마와 아빠야."

"지금 부모님은 무엇을 하고 있니? 이 두 사람은 여자아이와 먼 곳에 떨어져 있어."

"부모님은 여자아이가 노는 모습을 보고 있어."

"왜 부모님은 여자아이 곁으로 다가가지 않는 거지?"

"여자아이에게는 자신만의 공간과 친구가 필요하니까."

엔젤은 이 말을 하고 곧바로 무언가 깨달았다.

"남자 친구와 사귈 때 부모님의 말을 거역하고 있다고 생각했어. 부모님은 연애하지 말고 공부만 열심히 하라고 하셨거든. 하지만 부모님은 외국에서 생활하는 게 어떤 건지 전혀 모르셨어."

"어떤 생활이었니?"

"너무 너무 외로웠어. 나는 그나마 함께 싱가포르로 온 친구들이 있었지만, 다들 자기 일들로 바빠서 나중에는 만날 시간조차 없었어. 게다가 생활비가 꽤 많이 들어가."

엔젤의 말에 고생한 티가 역력히 묻어났다. 싱가포르에서 홀로 대학 생활을 하며 얼마나 고생했을지 충분히 느껴졌다.

"우리 부모님은 싱가포르에서 공부하는 딸을 자랑으로 여기셨어. 하지만 돈이 없어 집주인에게 쫓겨나 다른 곳으로 이사 다닌 일, 아르바이트하다 밤늦게 들어와 녹초가 되어 잠들던 것, 침도 못 삼킬 정도로 열이 심하게 나고 아팠던 사실은 전혀 모르시지. 유학 생활은 지독하게 힘들었어."

엔젤이 내려놓던 잔이 탁자에 부딪쳐 큰 소리를 냈지만 그녀는 전혀 의식하지 못했다. 어디론가 숨고 싶었는지 몸을 소파에 깊이 밀어 넣었다. 그녀는 이제까지 그 누구에게도 꺼내지 못했던 속내를 모두 털어놓았다. 누군가에게 의지하고 싶었던 그녀는 누구라도 자신의 구세주가 될 수 있다고 생각한 듯했다.

"그런 일이 있었구나. 집의 문이 꼭 닫혀있지만 창문을 많이 그렸어. 이건 사람들과 교류하고 싶다는 의미를 담고 있어. 그런데 지금은 사람들을 사귈 수 있는 뾰족한 방법이 딱히 없구나. 그렇지?"

"그렇다고 볼 수 있어. 오랫동안 친구를 사귀지 않았거든. 우리 둘이 끝없이 수다를 꽃피울 때도 있었는데. 지금은 다시 외롭던 싱가포르 생활로 돌아간 기분이야."

"집, 나무, 사람 그림 중에서 몇 가지를 발견했어. 우리 같이 살펴보자. 이 검사가 너에게 조금이나마 도움이 될 수 있을 거야. 괜찮겠니? 엔젤, 너는 어릴 적부터 부모님이 만들어 준 삶을 살아왔어. 싱가포르로 유학 갔다 돌아오기 전까지는 그래도 나름 성공했다고 여겼어. 싱가포르에서 자유로운 생활을 만끽하기도 했고. 하지만 다시 돌아온 후로 부모님은 너의 직장을 알아봐주셨어. 그 일은 네가 원하던 일이 아니어서 흥미가 생기지 않아."

나는 우선 그녀의 상황을 정리했다.

"엔젤, 네가 지금 적응하지 못하는 이유는 부모님이 네 삶을 정해줬다고 생각하기 때문이야. 그래서 부모님에게 반항적인 태도를 보이는 거고. 네 자신은 스스로에게 공격성을 감추라고 말하고 있어. 하지만 무심코 공격성을 드러내 보일 때가 있기도 해. 그래서 너와 부모님의 사이는 친밀하지가 않아. 게다가 너는 부모님이 네 삶에서 빠져주기를 바라고 있어."

이어서 나는 엔젤의 싱가포르 유학 생활을 언급했다.

"싱가포르에 가서도 적응이 잘 안 됐어. 지금은 다시 돌아왔지만 새로운 환경이 역시 낯설지. 인간관계가 결여되어 함께해줄 친구가 간절해. 여기 그림의 나무를 보면 알 수 있어. 너는 의지할 데가 없어. 부모님도 친구도 의지할 데를 못 찾고 있어."

엔젤은 진지하게 내 말을 듣다 무언가 깨달았나보다.

"그럼, 내가 그 나쁜 자식과 헤어지지 못한 이유도 실은 내면에 의지할 곳을 찾으려고 했기 때문인 거니?"

"그럴 수도 있지."

굳었던 엔젤의 표정이 조금씩 밝아지기 시작했다.

"다음에 연애를 할 때는 진심으로 상대를 사랑하는 건지, 아니면 단순히 기댈 누군가 필요해서 사귀려는 건지 분명히 알아야 해."

"뭐가 다르니?"

"그림을 보면 말이지, 특이한 곳이 있어. 아까 우리가 말한 집의 창문 말고 굴뚝이 보여. 프로이트 이론에 따르면 굴뚝처럼 높이 솟은 물체가 여성의 꿈이나 그림 속에 나타날 때, 대부분은 성과 관련해서 불안증이 있다고 해. 왼쪽에서 오른쪽으로 나는 연기는 네가 매우 보수적이라는 뜻이야. 싱가포르에서 남자 친구와 있었던 다른 일도 얘기해줄래?"

"나와 그 자식에 대해서?"

엔젤은 또 다시 손가락으로 커피 잔의 손잡이를 어루만졌다. 나는 이 부분을 주의 깊게 보았다.

"남자 친구와 동거하기 전의 일들을 알려줄게. 아르바이트를 끝내고 혼자 집에 가는데 골목길에서 어떤 남자가 내 뒤를 따라오는 거야. 너무 무서워서 심장이 터질 것 같았어. 식은땀을 흘리며 집으로 뛰어 갔어. 그런데 그 사람이 계속 나를 따라오더라고. 집 문을 열려는 순간 검은 그림자가 거칠게 나를 덮치려고 했어."

"그 다음엔?"

"소리를 질러도 룸메이트는 나오지 않았어. 두려움에 현기증이 날 지경이었지. 그런데 나중에 태연히 하는 말이 이어폰을 꽂고 영화를 봐서 아무것도 안 들렸대. 이웃집에서 키우는 래브라도 리트리버가 비명 소리를 듣고 짖어서 다행히 도움을 받았지만."

그녀의 푹 꺼진 눈시울에 눈물이 젖어들었다. 당시의 악몽 같은 순간이 다시 떠오르는 듯 몹시 괴로워했다.

"경찰에 신고했지만 아무 소용없었어. 그 사건 이후 이사를 갔어. 나중에 남자 친구와 동거를 시작했고."

"이 일이 있은 후 너에게 남자 친구는 어쩔 수 없이 버리지 못하는 존재가 되었구나. 네 돈을 훔치고 떼먹어도 네 잠재의식 속에서 남자 친구는 너의 유일한 보호자였어. 그러니?"

"아무에게도 이 일을 얘기한 적 없어. 솔직히 어떻게 말해야 좋을지도 몰랐어. 내 잘못이 아닌데도 죄지은 사람처럼 숨기고 살았어."

이런 죄책감 때문에 그녀는 이제까지 다른 사람들과 교류를 거부해왔다. 사람들과 가깝게 지내고 싶으면서도 마음의 문을 닫아버리는 모순된 심리 상태가 생길 만도 했다.

엔젤과 커피를 세 잔이나 마시면서 이야기를 나누는 동안 비는 이미 그쳤고 하늘엔 석양이 깔렸다. 비가 와서일까, 저녁 바람이 어두워가는 길거리를 휩쓸었다.

"속내를 모두 털어놓으니 마음이 후련해."

엔젤은 이렇게 말했지만 나는 알고 있다. 이제부터가 시작이라는 것을.

"필요한 일이 있으면 다음에 상담소로 와. 심리상담사들이 더 자세하게 분석해줄 거야. 너는 심리 치료가 필요해. 예전에 내가 알던 유쾌하고 명랑한 엔젤로 돌아올 수 있어. 바로 그 열정이 네 가슴에 아직도 살아있어!"

나는 이 말을 하면서 손가락을 엔젤의 가슴에 살며시 얹었다.

엔젤의 그림

- **구름** : 공상적임
- **굴뚝 연기** : 성적으로 억압 받는 불안감
- **닫힌 문과 많은 창** : 사람들과 교류를 원하지만 방법을 못찾음
- **1/4의 해, 네 개만 그린 선** : 어떤 힘이 부족함

- **성냥개비 같은 사람** : 회피, 자신에 대한 공감도가 높지 않음

- **왼쪽 나무** : 과거
- **뿌리가 큰 나무** : 현실세계에 맞선 지배 능력
- **나무의 열매** : 성과, 업적
- 과거는 상당히 만족하고 성취감으로 가득함

- **오른쪽 나무** : 현재의 자신
- **약해보이는 나무줄기** : 현재 삶에 적응하지 못함
- **사과나무 모양 수관** : 다른 이의 관심과 인정을 원함
- **수관과 나무 사이의 뾰족하게 위로 향한 곁가지** : 공격적

제4장

'집에만 있는 병'에 걸린 전업주부들

요즘 상담소 위치부터 내부 인테리어 등에 신경을 쓰느라 눈코 뜰 새 없이 바빴다. 시내에 상담소를 열고 싶었지만 임대료가 비싸 여의치 않았다. 어렵사리 장소를 정한 후에는 인테리어를 해야 했다. 그것도 비용이 충분치 않아 생각하는 데로 꾸미기가 어려웠다.

할 수 있는 선에서 최대한 포근하고 부드러운 느낌이 들도록 했다. 나의 동업자인 킹 교수님은 인테리어에 크게 신경 쓰지 않아 거의 모든 일을 내가 도맡아 해야 했다. 예전에 두 번 정도 해본 적이 있긴 했지만 손이 가는 부분이 많아 몸이 두 개라도 모자랄 지경이었다.

그렇게 정신없이 지내다보니 오래 전에 친구들과 약속한 모임을 깜빡 잊어버릴 뻔했다. 샤오팡, 샤오만, 샤오텐은 고등학교 때 의자매를 맺었을 정도로 친한 친구들이다. 서로 다른 대학에 다니고 졸업

후에는 각자 직장생활을 하다 보니 연락할 기회가 줄었지만 여전히 1년에 한 번은 모임을 가졌다.

샤오팡은 160 센티미터 키에 아주 예쁘장하고 몸매도 날씬하다. 지방정부기관에서 일하다 최근 건강한 아들을 낳았다. 지금은 집에서 이이를 돌보며 비교적 여유로운 시간을 보내고 있다. 얼마 전, 샤오팡이 아이를 낳으면서 올해는 네 엄마의 모임이 되었다.

나는 샤오팡이 새로운 역할에 잘 적응하는지 궁금했다. 이론적으로 아무리 무장을 하고 아동 심리학 관련 책을 수십 권 읽어도 아이를 낳고 실전에 돌입하면 하나부터 열까지 서투르게 돼있다.

샤오텐은 스튜어디스로 일하다 임신하면서 직장을 그만두었다. 나와 비슷한 시기에 출산을 해서 아이가 벌써 세 살이 됐다. 예전에는 샤오텐 혼자 아이를 돌봐서 많이 힘들어 했는데 지금은 여유가 생겼는지 모르겠다.

샤오만은 아이를 낳기 전에 5성급 호텔에서 고객 서비스 매니저로 근무했다. 샤오팡보다 조금 일찍 출산을 했는데 친구들 말로는 아직 복귀하지 않고 집에서 아이를 키우고 있다고 한다. 샤오만은 남편이 은행장이라 경제적으로 풍족해 복귀하지 않을 거라고 대부분의 친구들이 말했다. 샤오만과 그녀의 남편은 아들을 원했지만 딸을 낳았다. 두 사람 모두 외동이라 아마도 조만간 둘째를 낳을지도 모른다.

출산, 육아, 전업주부는 힘들어

친구들 모두 시간이 자유로운 편이라 우리는 평일 오후에 차를 마시기로 했다. 평일은 찻집에 사람이 많지 않아 오랫동안 앉아 있어도 주인의 눈치를 덜 보게 된다. 시간 조절이 자유로운 심리상담사라는 직업이 이럴 땐 좋다. 인테리어를 급하게 마치고 약속 장소에 나가니 친구 세 명이 모여 있었다. 친구들 모두 옷을 잘 차려 입고 화장을 곱게 했다. 유일하게 나만 일하다 급하게 온 꾀죄죄한 직장 여성의 모습이었다.

"또 제일 늦게 왔네. 벌금은 찻값이다!"

샤오팡은 앳된 목소리로 말했다. 시간이 많이 흘렀지만 그녀는 변한 게 하나도 없었다. 여전히 소녀 같았다.

"좋아. 그럴게! 너희 뭘 시켰는지 보자."

나는 메뉴판을 들었다.

"오전 내내 너무 바빠서 점심도 굶었어. 일이 끝나자마자 바로 달려 온 거야."

"새로 나온 망고 음료 맛있더라. 강력 추천할게."

샤오팡은 친절하게 새로 나온 메뉴를 소개했다.

"좋아. 그걸로 마실게."

음료와 함께 내가 좋아하는 티라미수도 주문했다. 네 명의 엄마가 모이니 주요 화제는 자연스럽게 육아로 흘렀다.

"너희들은 그래도 어느 정도 고생은 끝났지. 나는 이제 시작이야."

샤오팡은 우리 셋을 부러운 눈으로 쳐다봤다.

"나 혼자 집에서 애 보는 게 얼마나 힘든지 너희는 아마 모를 걸!"

"그럴 리가. 지금 한창 귀여울 때잖아. 하긴 8개월에서 한 살까지가 가장 힘들긴 해."

우리는 샤오팡을 위로했다.

"집에 도와줄 사람이 없니?"

샤오톈이 물었다.

"없어. 시아버지가 가끔 집에 들러 점심을 차려주는 정도야."

샤오팡은 투정을 부리는 말투였지만 애정이 넘쳤다.

"오늘 다행히 친정 엄마가 휴가를 내고 도와주시기로 했어."

"나도 아이가 그만할 때는 여간 힘든 게 아니었어. 다행히 지금은 많이 커서 좀 수월해졌지만."

"이제 아들한테서 눈을 뗄 수 없는 시기구나!"

샤오톈이 샤오팡에게 말했다.

"그래. 몸을 뒤집기도 하고 기어오르기도 해. 매일 아들 보느라 밥을 급하게 먹어서 소화가 안 돼."

샤오팡은 불평을 늘어놓았지만 얼굴엔 행복한 미소가 가득했다.

"네 아들은 올해 유치원에 가지?"

내가 샤오톈에게 물었다.

"응. 몇 달 지나면 유치원에 가. 갑자기 말썽꾸러기가 집에 없으면 허전해지겠지."

샤오톈은 웃는 얼굴로 말했다.

"가끔은 예전에 회사 다니던 때가 그리워. 매일 어떤 옷을 입을까 고민하고 그랬는데. 지금은 집에서 애만 보느라 얼마나 갑갑한지 몰라."

샤오만은 여느 여자들과 마찬가지로 꾸미고 다니는 것을 좋아한다. 그녀는 매일 파자마 차림으로 아이 보는 일을 끔찍할 정도로 싫어했다.

"하지만 내가 뭘 할 수 있을까. 예전 회사는 못 가겠지. 갓 대학 졸업한 젊고 팔팔한 사람을 구할 테니까! 일을 해야 하나 말아야 하나 고민하다 우울증 걸릴 것 같아. 점점 일구하기가 싫어지지 뭐니."

"너는 그래도 괜찮은 편이야. 아이가 아직 어리잖아. 우리 집 애는 이제 곧 유치원에 가야 해. 나도 조금씩 여유시간이 생길 텐데 일을 해야 할지, 무슨 일을 할 수 있을지 모르겠어."

샤오톈이 끼어들었다.

"너 둘째 준비하고 있지 않니? 직장 다닐 생각을 하고 있어?"

나는 호기심 어린 눈빛으로 샤오만과 샤오톈을 쳐다보고 물었다. 아이가 유치원에 다니면 아침에 등원 시키고, 오후에 데리러 가면 되니까 충분히 일할 수 있다.

"나도 그러고 싶어. 그렇지만 4년 동안 일을 안 해서 경력단절이 됐어. 네가 보기에 가능하겠니? 내가 너처럼 능력이 있는 것도 아니고. 넌 동업자와 새로 상담소를 열었으니 사장이나 마찬가지잖아."

나는 6개월 출산 휴가를 보내고 바로 복귀했다. 내가 능력이 대단해서도 아니고, 내가 없으면 회사가 안 돌아가서도 아니었다. 시부모님이 아이를 돌봐주었기 때문에 가능했다. 그러나 친구들은 시부모님이 아직 퇴직할 생각이 없거나 건강이 좋지 않아서 아이를 맡길 수가 없었다. 아이 때문에 잘 나가던 일을 그만둔 친구들이 대단했다.

"여자도 자기 일이 있어야 해. 아이가 한 살이 되면 다시 회사로 돌아갈 수 있어. 생각만 해도 신나."

샤오팡이 자기 계획을 말하자 샤오톈이 물었다.

"그땐 누가 아이를 봐주니?"

"시아버지가 봐줄 거야. 아니면 친정 엄마가……."

샤오팡은 확신이 서지 않는지 목소리가 줄어들었다. 복귀는 자기 희망사항이라는 걸 본인이 누구보다 잘 알고 있을 테니까. 아이가 한 살이 돼도 돌봐줄 사람이 없으면 복귀 계획은 무기한 연기된다.

"일 그만둔 지 얼마 안 돼서 그럴 거야. 나도 한동안은 직장에 나가고 싶었어. 돈도 벌고 싶고."

샤오만은 잠시 생각에 잠겼다 다시 말을 이었다.

"그런데 지금은 아니야. 어떻게든 되겠지."

샤오톈이 덧붙여 말했다.

"낙이 없어. 스튜어디스로 일할 땐 최신 유행 화장품은 거의 다 샀는데 지금은 게을러져서 미용 팩 붙이는 것도 귀찮아."

샤오톈의 말에 샤오팡이 물었다.

"일 그만두고 집에만 있으면 그렇게 되는 거니?"

집에만 있으면 생기는 병, 호기심이 생겼다. 아이를 낳고 6개월 만에 복귀해 일했고, 내내 바빠서 제대로 쉰 적도 없다. 세 친구를 보니 솔직히 나도 부럽기는 마찬가지였다.

집에만 있으면 생기는 병

"집에만 있으면 어떤 증상이 나타나?"

"하하하, 너는 모를 거야. 내가 설명해줄게."

퇴직하고 집에 머문 지 가장 오래된 샤오톈이 말했다.

"우선 하루 종일 아이 주변을 떠날 수 없어서 자기 시간은 꿈도 못 꿔. 아침에 아이 우는 소리에 잠을 깨. 아이가 일어났든 안 일어났든 가장 먼저 아이를 보러 가. 아이가 지쳐 잠이 들어야 그나마 짬이 생겨. 그렇다고 편하게 쉴 수 있는 것도 아니야. 그 시간에 밀린 빨래하고 청소하고 식사 준비도 해야 해. 그러니 화장이 무슨 소용이며 인터넷 검색도 사치지!"

"맞아. 나는 빨래, 청소, 식사 준비는 하지 않아도 되지만 개인 시간이 없어. 아이가 수영 강습과 수업이 있으면 데리고 나가야 해. 피트니스 1년 회원권을 끊었는데 한 달도 제대로 못 가고 끝나버렸어."

샤오만도 자기 생활을 토로했다.

"조, 너는 어떻게 지내, 우리와는 다른 삶을 살고 있겠지?"

"뭐 특별히 내세울 건 없어. 오전에 일어나 아이와 놀아주다 시부모님이 아이들을 돌보러 오시면, 그 시간에 샤워하고 화장을 한 후 출근해. 저녁에 집에 오면 아이들과 시간을 보내고 밤이 되면 재워주는 게 다야. 8시가 넘으면 남편과 시간을 보내거나 개인적인 시간을 갖기도 해."

내 일상이 친구들이 기대하던 생활인지는 잘 모르겠다. 하지만 24시간 아이와 씨름해야 하는 친구들과 비교해 볼 때 아무래도 일이 있다는 건 최소한 자기 시간이 확보된다는 의미였다.

"집에서 애들만 보면 어떤 증상이 생기는지 더 말해봐"

"내가 말해볼게. 예쁘게 차려입고 나갈 데가 있는 네가 부러워. 예전에 산 고가의 옷들이 옷장에 그대로 다 처박혀 있어. 이제는 옷을 살 일이 별로 없는데다 사도 입고 나갈 데가 없어."

샤오만은 매일 멋진 옷을 번갈아가며 입는 재미를 누리고 싶어 했다. 그게 인생의 큰 낙이라고 말한 적도 있다.

"나도 언제 쇼핑하러 갔는지 기억이 가물가물 해. 임신한 후로 외출한 적이 별로 없어. 쇼핑도, 새 옷도, 글쎄 올해는 결혼기념일도 그냥 넘어갔다니까."

샤오팡은 이런 생활에 정말 불만이 많아 보였다. 샤오텐이 이어서 말했다.

"집에만 있으면 나타나는 증상 두 번째. 꾸밀 시간이 없다! 난 파리, 일본의 최신 유행과 이별한지 이미 오래야. 내가 이렇게 변할지 예전엔 상상도 못했어."

"당연하지. 이제는 비행을 안 하잖아. 너 예전에 스튜어디스였을 때 외국 가면 최신 유행 패션은 다 챙겨왔잖아."

샤오팡은 이어서 말했다.

"신상 나오면 누구보다 빨리 공수해 주고 그랬잖아."

"그런데 오늘 가장 초라한 사람은 아무리 봐도 난걸!"

나는 한껏 꾸미고 나온 친구들을 바라보면서 농담했다.

"너야 일하니까 그렇지. 우리는 한 번 나오기가 힘드니까 이럴 때라도 왕창 차려입고 나와야지 언제 이렇게 해보겠어? 집에만 있으면 얼마나 꼬질꼬질한데. 집에서 패션쇼 할 수는 없잖아!"

샤오만이 내 말에 반박하며 말했다.

"나는 집에서 파자마만 입고 살아. 파자마만 도대체 몇 벌인지."

샤오텐은 불평하듯 말했다.

"우리가 진정한 파자마부대구나!"

샤오팡이 우스갯소리로 말했다.

"샤오만, 너는 시간이 없어서 못 입지, 우리는 입을 옷이 없어서 못 입어! 며칠 전, 남편이 자기 친구들과 밥 먹자고 불렀는데 어떻게 됐는지 알아?"

샤오텐이 우리를 바라보며 묻더니 다시 말을 이었다.

"옷장에 입을 만한 옷이 한 벌도 없는 거야!"

"설마, 아이 낳기 전보다 지금이 더 날씬한데!"

나는 몸매가 좋은 샤오텐을 바라보며 말했다.

"출산하고 바로 산 옷은 너무 크고 또 촌스럽기도 하고. 전에 아끼던 옷 두 벌이 있었는데 다시 입어보니 영 아니더라고. 내가 나이 들어서겠지."

"그건 아니다, 얘. 그런 말 마."

우리 중 가장 늦게 출산한 샤오팡이 생일은 가장 빨랐지만 평상시 말투와 패션은 가장 어려 보였다. 친구들이 저마다 버리기는 아깝고 입기에는 촌스러워진 옷 이야기를 하는 동안 나는 티라미수를 다 먹었다.

지난 4년 동안 두 아이를 낳았더니 친구들 중 체형이 가장 많이 변했다. 다만 친구들과 달리 4년 동안 경제활동을 해서 체형에 맞는 옷을 사 입을 수 있었다.

"집에만 있으면서 새 옷 사 입기가 어렵구나!"

새 옷이 없다는 건 여성에게 자아가 없는 것과 마찬가지다. 특히 예쁘고 아름다운 여인이라면 나는 그 마음을 십분 이해할 수 있다.

"그뿐만이 아니야. 집에만 있으면 말할 시간도 없어져."

샤오만이 이 점을 지적했다.

"아이와 옹알이로 대화를 하다 보니 나도 내가 무슨 말을 하는지 모를 때가 있어. 옹알이를 거치고 나니 이제는 어린아이 말투로 말하게 돼. '엄마 안아 주세용', '맘마 주세용' 같은 말투 말이야."

"맞아. 그러니 성인들과는 대화를 할 수가 없어."

샤오톈이 맞장구를 쳤다.

"매일 하는 말이 '우리 아기 착하지, 아이고 예뻐라.'뿐이고 아이에게 밥 먹이거나 기저귀를 갈아주는 일이 전부니 제대로 된 문장의 말을 할 기회가 사라져."

가만히 말을 듣고 있던 내가 친구들의 말을 정리했다.

"그러니까 집에서 아이만 돌보면 애처럼 된다는 거구나!"

"애처럼 되면 그나마 다행이지. 머리도 잘 안 돌아가. 바보가 된다고! 지난번에 택배를 주문해놓고 깜빡 잊었지 뭐니. 택배 기사가 집에 사람이 없어서 도로 가져갔다며 다음 날 다시 오겠다고 했는데 그 말을 또 깜빡하고 아이와 낮잠을 잤어. 결국 3일째 되는 날 반나절이나 밖에서 기다렸다가 물건을 받았어. 그때는 진짜 내가 치매에 걸린 건 아닌가 걱정했다니까."

샤오톈의 말에 친구들은 모두 박장대소했다. 이어서 샤오팡도 거들었다.

"전업주부의 삶이 이렇게 무시무시 하다니까. 난 더 이상 전업주부 안 할 거야."

"이건 하기 싫다고 안 할 수 있는 일이 아니야. 우리 중에 진짜 전업주부 되고 싶어서 하는 사람이 어디 있니!"

샤오만이 말했다.

"출산하고 바로 복귀했으면 지금쯤 승무장이 됐을 텐데. 국제선을 타고 멀리 갈 기회도 많고. 시부모님이 건강하고 친정 부모님도 살아 계셨으면 좋았을 텐데. 애 봐줄 사람이 없으니. 내가 애 보는 게 좋아서 전업주부 한다고 생각하지 마."

샤오톈은 무언가 억울한 마음이 들었나보다.

"그래서 세 번째 증상은 '바보처럼 굳어지는 머리'와 '어린 애 말투'로 정리!"

샤오만이 결론을 냈다. 샤오팡은 이야기를 듣다 갑자기 기분이 우울해졌다.

"가끔 무기력해질 때가 있어. 이상하게 기분이 처지기도 하고. 산후우울증에 걸린 게 아닌가 싶어."

"산후우울증이 아니라 집에 오래 있다 보니 생긴 증상이야. 이유 없이 우울해지는 게 네 번째 증상이야."

샤오톈이 이어서 말했다.

"너만 그런 게 아니야. 우리도 가끔 그래."

샤오만이 우스갯소리를 했다.

"샤오팡 너는 한가하니까 우울함도 느끼는 거야."

"너는 안 그래? 샤오톈도 가끔 우울증을 느낀대."

샤오팡이 반박했다.

"가끔. 남편과 대화를 하고 싶은데 나를 등지고 누워버려."

샤오톈이 불만을 토로했다.

"맞아. 자주 그래. 아이 다 보고 남편과 둘만의 시간을 보내고 싶은

데 바쁘다며 대꾸도 안 해줘. 대화하자고 하면 기껏 한다는 소리가 피곤하다는 말뿐이야. 쉬고 싶다며 말 걸지 말래."

샤오팡은 불만이 많아 보였다.

엄마 역할이 어려운 샤오팡

"조, 너는 유명한 심리전문가잖아. 우리 심리 좀 분석해줘. 우리 증상들이 병인지 아닌지 좀 봐줘."

샤오만은 몹시 궁금해 했다.

"나도. 얼른 우리 심리를 봐줘."

샤오팡도 옆에서 재촉했다. 나는 가방에서 종이 세 장과 펜을 꺼내 친구들에게 건넸다.

"심리를 알고 싶으면 내 말을 잘 들어야 해! 이제 게임을 시작할 거야. 방법은 아주 단순해. 종이에 열심히 그림을 그리면 돼. 자, 종이에 집, 나무, 사람을 그려. 그리고 싶은 대로 그리면 돼. 단 진지하게."

15분쯤 지난 후 친구들은 그림을 모두 그렸다. 샤오팡이 가장 먼저 그리고 나에게 건넸다.

"그림에서 뭘 알아낼 수 있는 거야?"

나머지 두 친구가 다 그릴 때까지 기다린 후 샤오팡의 그림을 분석했다. 샤오팡의 그림은 만화의 느낌이 강했다. 외모와 옷차림, 자신을 꾸미는 스타일과 아주 닮았다. 샤오팡은 역시 단순하고 직설적인 사람이다.

"너는 예나 지금이나 웃는 해를 그리는구나."

“응. 나는 늘 해를 이렇게 그려. 이게 무슨 의미가 있니?”

“그러니까 말이야…… 유치해!”

“하하하”

내 말에 친구들이 크게 웃었다.

“진지하게 그렸는데 나를 놀리다니!”

“절대 아니야. 의인화는 아직 유치원 수준이라고 보기 때문이야.”

“그림을 안 봐도 네가 유치한 건 우리도 다 알아. 너 옷 입은 것만 봐도 알겠다.”

샤오만이 이어서 말했다.

“다른 건 무슨 의미야 어서 봐줘. 나 산후우울증이 있는지 말이야.”

샤오팡은 유치하다는 말에 더 이상 신경 쓰지 않고 재촉했다.

“여기 두 사람은 누구니?”

“나랑 남편이지 누구겠어.”

"네 아이는?"

HTP 검사는 빠진 요소에 주목했다.

"아, 우리 아기를 깜빡했네."

샤오팡은 그제야 아기 생각이 났나보다. 나는 우선 그림의 전체적인 느낌을 말했다.

"그림을 쓱 보면 굉장히 따뜻한 느낌이 들어."

검사할 때 가장 중요하게 보는 부분은 전체 그림과 선이다. 그 다음에 세세한 부분과 빠진 부분을 살펴본다.

"웃는 두 사람을 보니 너는 남편과 행복한 나날을 보내고 있어. 집은 가정, 안전감과 관련이 깊어. 여기 보면 집 두 채가 가까이 붙어 있어. 이게 무슨 의미니?"

친구들에게 집에 대해 물어봤다.

"이렇게 집이 크면 부모님과 시부모님도 같이 살 수 있을 것 같아."

샤오팡이 대답했다.

"아이 돌보는 일은 안전감이 없니?"

나는 눈치 보지 않고 단도직입적으로 물었다.

"익숙하지 않아. 뭐라고 말해야 하지. 내가 아까 말한 우울증에 빠지는 거와 관련이 있겠지."

샤오팡은 안전감이 느껴지지 않는다는 말에 애매한 태도를 보였다.

"방을 보면 꽉 닫힌 문과 열린 창, 비늘처럼 생긴 기와와 동그란 연기가 나는 굴뚝이 눈에 들어와."

"무슨 의미인지 어서 알려줘."

내 말에 샤오팡은 몹시 궁금했나보다. 방금 전 내가 말한 내용은 인정하는 듯했다.

"꽉 닫힌 문과 열린 창은 외부 세계와 소통을 의미해. 문을 직선으로 곧게 그은 것은 외부 세계로 향한다는 의미와 솔직한 성격을 말해줘. 다른 사람들과 교류하고 싶은데 집에서 아이를 봐야 하니까 답답해하고 있어."

"맞아. 매일 혼잣말 하는 게 얼마나 힘든데! 비늘처럼 생긴 기와는 뭘 의미하니?"

"기와는 안전감 결여를 의미해. 걱정거리도 있구나. 기와를 세밀하게 장식을 할수록 완벽주의자라는 뜻이야. 생선 비늘처럼 그린 그림은 문제를 세세하게 고려하고 예민하며 자기보호가 강한 데다 지나치게 방어적인 성격임을 말해줘."

"맞아. 난 너무 예민해. 작은 일에 상심할 때가 많아. 남편은 모르고 넘어갈 때가 많지만 나는 심적으로 힘들어. 아이에게 최고로만 해주고 싶은데 나 혼자 잘 해낼 수 있을지 모르겠어."

우리는 샤오팡을 위로해 주었다.

"아이를 위해 모든 걸 희생한다는 생각을 우리도 했었어. 다만 너는 엄마가 된 지 얼마 안 돼서 아직 적응을 못하고 있을 뿐이야. 너무 부담 갖지 마."

샤오팡이 다시 물었다.

"둥근 연기가 나오는 굴뚝은 무슨 의미야?"

"심리학에서 굴뚝은 여러 가지로 해석돼. 하나씩 설명해줄 테니 들어봐. 단, 네가 어떻게 이해하느냐를 중점적으로 봐야 해. 이 그림은 현재 네 심리 상태를 보여주고 있으니까."

나는 친구들에게 그림을 분석할 때 임의로 정의를 내리면 안 된다고 주의를 줬다. 그림 그린 사람의 해석을 반드시 들어야 한다고 말했다.

"알았어. 말해봐. 너 나에 대해 모든 걸 다 아는 것처럼 보인다."

샤오팡의 말에 나는 다시 분석을 시작했다.

"굴뚝은 문화 배경과 관련이 있어. 집에 굴뚝이 있고 없고를 한 가지 의미로만 단정 지을 수 없어. 하지만 내 분석으로 보자면, 굴뚝은 문화 배경 외에도 여러 가지를 암시해. 우선 성과 관련된 적응 문제를 들 수 있어. 더 깊이 들어가 보면 가정을 온기 넘치는 곳으로 만들어야 한다는 강박증적인 태도와, 권력에 지나치게 관심이 많다는 점도 암시해. 인간관계나 가정 구성원과의 관계에서 포근함과 안락함을 유지해야 한다는 내적 부담도 의미하고."

샤오팡은 내 말을 유심히 들었다. 나는 말을 이었다.

"집의 오른쪽에 있는 굴뚝은 화풀이 대상, 갈등을 의미해. 여자가 오른쪽에 그린 굴뚝은 남성적인 성격이라고 볼 수 있어. 연기의 방향이 왼쪽에서 오른쪽으로 향하는 건 보수적인 사람을 상징해. 둥글둥글한 연기는 말이지……."

여기서 나는 잠깐 고의로 말을 멈췄다. 샤오팡은 흥미롭게 듣다가 이야기가 끊기자 다음 말을 이으라며 재촉했다.

"무슨 의미야? 어서 말해줘."

"성인이 그린 그림이라면 유치하다는 의미야!"

나는 샤오팡의 그림에서 또 다시 유치함을 보여주는 요소를 발견했다. 유치함이 나쁜 건 절대 아니다. 누구나 유치한 부분이 있고 그렇기 때문에 더 즐겁게 살 수 있는 것 아닌가. 나는 다시 말했다.

"지평선을 강조했는데 이 부분도 안전감 결여를 의미해."

"나는 유치한 사람이고 안점감이 결여됐다는 말이구나. 그리고 가족에게 도움을 받고 싶고 가족이 내게 따뜻하게 대하길 바라고 있어. 이 김사 꽤 정확한 걸!"

샤오팡은 흥분해서 말을 이었다.

"나 혼자 아이 돌보는 게 너무 부담 돼. 가족들이 나를 조금이라도 도와주면 좋겠어. 솔직히 이런 생각이 들 때가 있어. '아이가 없었으면 남편과 둘이서 더 즐겁게 살 텐데' 하고 말이야."

샤오만과 샤오톈이 호기심이 발동했는지 물었다.

"더 얘기해봐. 이제 겨우 집만 분석했어. 사람과 나무도 분석해줘."

"사람을 보면 두 사람 모두 손과 다리가 있고 온전한 모습에 정면을 보고 있어. 이것은 사람을 그리는 일에 그렇게 크게 저항하지 않았다는 의미야. 아까 샤오팡이 남편과 둘이서 자유로운 시간을 보낼 때가 가장 즐겁다고 말했잖아."

나는 잠시 생각을 하고 보충해서 말했다.

"엄마가 된 지 얼마 안 됐기 때문에 적응하지 못하는 건 정상적인 현상이야. 엄마가 된다는 건 희생을 많이 해야 한다 의미하니까. 엄마가 돼보지 않은 사람은 상상도 못할 거야. 그러니 너무 부담 갖지 마."

샤오팡이 내 말을 듣고는 다시 물었다.

"응. 알았어. 다른 내용도 있니?"

"사과나무를 그렸구나. 이건 의존성을 의미해. 타인의 관심과 인정을 받고 싶은 마음이 강하기도 하고. 나뭇가지가 수관에 덮인 건 자기보호 의식이 굉장히 강하다는 뜻이야. 부드러우면서도 균형적이라는 의미도 있고. 나무에 사과 4개가 있네? 많지도 않고 적지도 않아. 이건 내적으로 성취했다는 느낌이거나 다른 것을 반영해.

예를 들어, 그림 그린 사람의 욕구나 목표, 성취감을 의미해. 나뭇가지에 파형의 무늬 비슷한 게 있는 건 과거에 심리적으로 받은 상처를 아직까지 치유하지 못했다는 뜻이야. 발육단계에서 받은 심리적 장애를 의미하는데 이 부분은 명확하게 말 못 하겠다."

샤오팡이 탄성을 내뱉었다.

"와, 너 정말 신통하다. 내 어릴 적 일들을 네가 어떻게 알겠어. 우리 아빠는 걸핏하면 나를 때렸어. 자기 마음에 안 들면 따귀를 때릴 때도 있었고. 너희는 상상도 못할 거야."

샤오팡은 다른 사람 이야기를 하듯 담담하게 말했다.

"샤오팡, 너의 그림에는 한 가지 일관된 주제가 있어. 바로 안전감 결여야. 왜 네가 이렇게 안전감이 결여되어 있는지 이제 알 것 같아."

샤오팡은 겉으로는 한 번도 상처 받지 않고 살아온 사람처럼 늘 밝고 명랑해 보인다.

"그래서 네 그림에는 가정과 관련이 없는 꽃과 풀이 이렇게 많았던 거야. 이것 역시 불안과 관련이 커."

나는 덧붙여서 설명했다. 그러나 마지막에 하고 싶던 말은 하지 않기로 했다. 샤오팡은 그림 속 새처럼 자유롭게 훨훨 날고 싶어 했다.

관심받기 원하는 샤오텐

이어서 나는 샤오텐의 그림을 분석했다. 샤오팡의 그림과 마찬가지로 유치한 부분들이 보였다. 이것이 아이의 유무와 관계있는지는 알 수 없었다. '샤오텐은 결단력 있고 총명한 친구였는데 4년이라는 시간 동안 어떻게 이렇게 달라질 수 있지?' 나는 이러한 의문을 품고 샤오텐의 그림을 살펴나갔다.

"네가 그린 집은 동화 속에 나오는 집 같아. 이건 공상을 잘하는 사람에게서 흔히 볼 수 있어. 유치한 면도 조금 있고. 특히 지붕을 강조한 것으로 볼 때 공상하는 세계와 현실 간에 괴리가 있구나. 울타리를 그린 특별한 이유가 있니?"

나는 샤오텐이 울타리를 그린 속내를 듣고 싶었다.

"울타리를 그리면 안전할 거라 생각했어. 왜 그랬는지는 나도 확실히는 모르겠어. 그저 울타리를 그리고 싶었을 뿐이야. 아이가 울타리 안에서 놀면 안심할 수 있을 것 같았어."

"그렇다면 그림에 나오는 아이는 너의 아들이구나. 아이가 정원에서 노는 동안 너는 무엇을 하고 있니?"

"맞아. 이 아기는 우리 아들이야. 나는 내 일을 하고 있겠지."

"무슨 일을 하고 있니?"

"아이는 울타리 안에서 안전하게 놀고 있고 난 그림을 그리지."

"그럼 아이의 아빠는 무엇을 하고 있니?"

샤오텐은 부끄러운 표정을 짓고는 대답했다.

"아이 아빠는 생각해본 적 없어."

"그랬구나. 그림에 나오는 울타리는 내면에 안전감이 결여되어 있

음을 뜻해. 집의 대문이 벽 쪽으로 치우친 건 회피하려는 심리일 수 있어. 어디론가 도망갈 방법을 찾고 싶다는 의미야. 아마도 오랫동안 아이를 키우던 네 생활과 관련이 많을 거야. 아이에게 책임감을 많이 느끼고 있기 때문에 당당하게 벗어날 수가 없어. 벽에 치우친 문은 네 상태를 말해줘. 도망가고 싶은 마음이 들 때가 있니?"

"응. 정말 그래. 아이를 돌보기 싫다고 말하고 싶지만 방법이 없어. 마음속으로만 늘 어디론가 숨고 싶다는 말을 되뇌어. 억눌린 느낌이 들면서 울화가 터지면 뛰쳐나가고 싶어져."

"그래서 너는 울타리를 그렸구나. 울타리가 너 대신 아이를 돌봐주기를 바라고 있어. 울타리가 있으면 너는 도망가서 다른 일을 할 수 있으니까."

분석해놓고 보니 샤오톈이 왜 울타리로 집, 나무, 사람을 둘러쌌는지 알 수 있었다. 이때, 샤오팡이 굴뚝을 가리키며 말했다.

"샤오톈 그림에도 굴뚝이 있어!"

"그래. 하지만 샤오톈의 굴뚝은 집의 왼쪽에 있어. 이 부분이 네가 그린 굴뚝과 다른 점이야. 왼쪽에 그린 굴뚝은 지배력이 강하고 건강하며 성 기능이 좋다는 의미야."

"그래?"

내 말에 샤오만이 강한 흥미를 보였다. 샤오톈도 마찬가지로 "그래?"라는 반응을 보였지만 어색한 표정을 지었다.

"샤오톈이 그린 나무는 작은 심장처럼 생겼어. 이는 자기 내면을 향한 관심이 주변 사물에 대한 관심보다 더 많다는 걸 의미해. 그런데 가지가 날카롭잖아. 이건 내면에 공격성을 감췄다는 뜻이야. 그렇다고 폭력성을 의미하지는 않아. 이러한 공격성은 언어적인 부분일 수도 있고 감정적인 부분일 수도 있어."

샤오톈은 의심의 눈빛으로 나를 바라보며 말했다.

"네가 보기에 내 문제는 자기 내면에 지나치게 집중하는 데서 왔다는 거니?"

"내면은 더 많은 관심을 받기 원하고 있어. 하지만 그동안 이 부분을 간과해왔기 때문에 마음이 아픈 거야. 아이에게서 도망가고 싶다, 내 아픔을 함께 나눌 사람이 없다는 것도 같은 맥락이지. 여기서 중요한 사람이 빠진 걸 발견하지 못했니? 네 남편 말이야. 너는 남편을 소홀히 대하고 있어. 그 이유는 나도 모르겠다."

샤오톈은 갑자기 침묵에 빠졌다. 나는 핵심적인 문제에 접근했다. 하지만 여기는 상담소가 아니고 샤오톈은 나의 내담자가 아니다. 나는 이 사실을 속으로 되뇌었다. 잠시 후 샤오텐이 입을 열었다.

"뭐 말 못할 일은 아니야. 임신한 후로 남편과 각방을 쓰고 있어. 아이가 밤에 울면 남편은 잠을 못 자. 다음 날 출근해야 하는 사람인데. 그래서 나는 아이와 함께 자고 남편은 혼자 잠을 자."

샤오팡이 놀라면서 말했다.

"우리 집도 지금 그래!"

샤오만도 옆에서 탄식하고는 말했다.

"우리만 희생하는 거 아니야! 애는 우리 혼자 만들었냐고?"

"마지막으로 이 자리에서 말하기는 적합하지 않지만 샤오텐 네가 생각해봐야 할 문제가 있어."

나는 이 말을 하고 샤오텐을 쳐다봤다. 그녀의 반응을 기다리기 위해서였다. 샤오텐은 개의치 않는다는 표정을 짓고는 말했다.

"좋아. 어서 말해봐."

"너는 아들이 있잖니. 그런데 그림 속 아이는 딸이야. 이 아이가 네 아이인지 잘 생각해봐. 만일 아니라면 이 아이는 누구일까? 여자 아이는 왜 혼자서 놀고 있을까? 이 답을 우리에게 알려주지 않아도 돼. 너 혼자 잘 생각해봐. 이 검사가 너에게 주는 조언이야!"

외부와 소통을 바라는 샤오만

마지막은 샤오만의 그림이었다. 그녀의 그림은 상대적으로 매우 단순했다.

"샤오만, 너는 여전히 외부 세계와 소통하려고 하는구나. 꽉 닫힌 문과 창이 없는 집은 자아폐쇄를 의미하지만 다행히도 다른 요소는 모두 괜찮아."

나는 이 말을 마치고 샤오만에게 물었다.

"그림 속의 사람은 누구니?"

"그야 내 아들이지!"

샤오만의 말에 친구들이 이구동성으로 물었다.

"둘째가 아들일지 어떻게 아니?"

샤오만은 아들을 바라는 마음을 솔직하게 말했다.

"둘째가 아들일지 딸일지 모르겠지만 어쨌든 그림 속 아이는 내 아들이 맞아. 하하하."

샤오만의 말을 듣고 내가 물었다.

"너와 네 남편과 첫째 딸아이는 어디 있니?"

"나는 집에서 밥을 하고 있어. 남편은 축구를 보고 있고."

"딸은?"

"딸은 아마도 피아노를 치거나 숙제를 하고 있겠지!"

샤오만의 말에 친구들이 또 다시 이구동성으로 말했다.

"에이, 엉터리!"

"오늘 한 HTP 검사는 게임이라고 생각하면 돼. 방금 전에 내가 한 말은 단지 조언일 뿐이니 너무 심각하게 받아들이지 마! 특히 샤오팡은 엄마 역할에 적응하기 위한 방법을 찾아야 해. 안전감 결여는 엄마가 되었을 때 갑자기 수면 밖으로 나왔어. 이 점을 아는 것만으로도 네 자신에게 도움이 될 거야.

샤오텐, 너는 너와 네 남편의 관계를 소홀히 하지 마. 아이가 중요하지만 때로는 잠시 내려놓아도 괜찮아.

샤오만은 아직도 사람들과 소통하고 싶어 해. 그러니 예쁜 옷을 입고 사람들을 많이 만나봐."

내 말을 듣고 샤오텐은 진심으로 고마워했다.

"고마워, 조. 너 정말 실력 있는 심리상담사가 맞구나. 네가 한 말 모두 다 맞아!"

샤오팡은 이제부터 1년에 한 번 있는 모임을 6개월이나 3개월에 한 번 만나자고 제안했다. 친구들은 모두 샤오팡의 말에 전적으로 동의했다.

HTP 해석

샤오팡의 그림

- 전체적으로 만화 같은 그림
- 따뜻한 느낌이 듬
- 안전감 결여가 많이 보임

- **꽉 닫힌 문과 열린 창** : 외부와의 소통 원함
- **직선으로 그린 문** : 외부 세계로 향함. 솔직한 성격
- **기와 강조**: 안전감 결여
- **세밀한 기와** : 완벽주의자
- **생선비늘 같은 기와** : 예민, 자기보호가 강함. 지나치게 방어적임

- **웃는 해** : 유치함.

- **지평선 강조** : 안전감 결여

- **많은 꽃과 풀** : 안전감 결여, 불안

- **사과 나무** : 의존성
- **수관에 덮인 나뭇가지** : 자기보호 의식이 강함. 부드러우면서도 균형적
- **4개의 사과 열매** : 많지도 적지도 않음. 내적 성취

- **오른쪽에 있는 굴뚝** : 화풀이 대상, 갈등. 여자의 경우 남성적 성격
- **왼쪽에서 오른쪽으로 나오는 연기** : 보수적 성격
- **둥근 구름** : 성인의 경우 유치함

샤오텐의 그림

- 전체적으로 동화 속 그림 같음
- 공상을 잘하는 성격, 약간 유치함

- **집의 왼쪽에 있는 굴뚝** : 지배력이 강하고 건강한 성 기능
- **지붕 강조** : 공상하는 세계와 현실 간에 괴리

- **심장같은 나무** : 주변 사물에 대한 관심보다 자기 내면에 관심이 더 많음
- **날카로운 가지** : 공격성
- **울타리** : 안전감 결여

샤오만의 그림

• 그림이 전체적으로 단순함
• 외부 세계와 소통하길 원함

• **꽉 닫힌 문과 창이 없는 집** : 자아폐쇄

제5장

3일 만에 끝나버린 결혼생활

나 혼자 상담소를 지키던 어느 날, 이 선생이 상담을 하고 싶다며 찾아왔다. 낡은 갈색 외투에 짧게 깎은 머리를 한 그는 동근 뿔테 안경을 썼는데 어딘가 모르게 노티가 나고 침울해보였다. 이 선생이 조심스럽게 나에게 물었다.

"심리상담사세요?"

나는 내 앞에 서 있는 이 남자에게 호기심이 발동했다.

"네. 안녕하세요. 여기 앉으세요. 무엇을 도와드릴까요?"

나는 이 선생을 상담실로 안내하고 물 한 잔을 건넸다.

"병에 걸린 것 같아요. 심리 상담을 받고 싶습니다. 상담료는 얼만가요?"

"두 등급의 상담사가 있어요. 교수급 상담사는 1회 1시간 1000위안이고 상담 횟수는 10회예요. 일반 상담사는 1회 1시간 500위안, 마찬가지로 상담 기간은 10회예요."

우리 상담소의 상담료는 그리 저렴한 편이 아니라서 대다수 내방객은 친구 소개로 찾아온다. 그러나 소개 없이 스스로 찾아온 이 선생이 상담료를 선뜻 받아들일지 확신할 수 없었다. 이 선생이 애원하듯 절박하게 물었다.

"선생님께 상담을 받으면 10회에 500위안인가요? 제 병을 완치할 수 있나요?"

"완치를 보장하지는 못해요. 아직 선생님의 상담 목적이 무엇인지도 모르니까요. 심리 상담을 받으면 감정을 완화할 수는 있어요. 제가 최선을 다해 도와드릴게요. 이곳을 찾은 목적이 무엇인지 먼저 알려주세요. 얼마나 치료를 받아야 하는지 정확히 알아야 도움을 드릴 수 있으니까요."

"알겠습니다."

이 선생은 탁자에 놓인 찻잔을 들고 마시려다가 멈칫거렸다. 얼마간의 침묵이 감돈 후 입을 열었다.

"……얼마 전에 이혼했어요!"

교회, 고목나무 섬뜩한 그림

한참 동안 입을 닫던 그가 이 한마디만 남기고 다시 침묵했다.

"결혼 문제로 상담 받으러 온 내담자가 적지 않아요. 이혼 후 이곳을 찾는 내담자도 꽤 있어요. 이 선생님, 괜찮으시다면 조금 더 자세히 말씀해주시겠어요?"

이 선생은 한참 동안 주저하다 미간을 살짝 찡그렸다.

"아내와 결혼한 지 3일 만에 이혼했어요."

"그랬군요."

나는 미소 띤 얼굴로 이해한다는 의미를 전했다. 이 선생이 계속 이야기를 하도록 격려하기 위해서였다. 내담자의 얘기를 듣고 놀라거나 의아해하지 않는 것이 심리상담사의 직업 수칙 중 하나다.

"왜 이혼했는지 안 물어보시는군요."

이 선생은 내 반응이 궁금했던 모양이다. 지금까지 대부분의 사람들이 놀라거나 의아해 하는 표정을 지었고 경멸하거나 비난하는 사람들도 있었던 것 같다.

"이혼한 이유를 말해주고 싶다면 얘기하셔도 돼요."

내담자를 존중하고 두려움을 느끼지 않도록 최대한 배려해야 솔직한 말을 들을 수 있다.

"저도 이혼한 이유가 뭔지 모르겠어요. 저와 제 아내는 알고 지낸 지 얼마 안 되지만 사연은 길어요. 어디서부터 어떻게 말해야 좋을지 모르겠군요."

내담자들은 대개 비슷한 반응을 보인다. 무엇을 어디서부터 말해야 할지 모르면 머릿속에 떠오르는 말부터 하면 된다. 두서없어 보일지라도 이야기를 하다보면 천천히 자기 생각이 정리된다. 상담사는 내담자의 흩어진 생각과 감정을 하나하나 정리하도록 돕는 역할을 한다.

"괜찮아요. 생각나는 대로 편하게 말씀하세요."

"말이 안 나오네요. 우리 둘 사이에 어떤 본질적인 문제는 없었어요. 그런데 이혼을 했어요. 자가용을 사느냐 마느냐 같은 사소한 일로 말다툼을 하다 생각지도 못한 이혼을 하게 됐어요."

이 선생은 말로 풀어내는 걸 어려워했다. 사실 처음 보는 낯선 사람에게 속에 있는 말을 털어놓기가 쉽지 않다.

"그럼 테스트를 하나 해도 될까요?"

"네. 제가 뭘 하면 되나요?"

"간단해요. 이 종이에 집, 나무, 사람을 그리면 돼요."

나는 서랍에서 종이와 펜을 꺼내 이 선생에게 건넸다.

"그럼 제 마음대로 그려보겠습니다."

이 선생은 별로 긍정적이지 않아 보였다. 잠시 후, 나는 그가 그린 고목을 보고 속으로 흠칫 놀랐다. 집, 나무, 사람 중 나무는 자아를 의미한다. 무의식적으로 자신이 느끼는 자아상과 자신을 대하는 태도, 내면의 균형상태도 뜻한다. 특히 HTP 검사에서 고목은 열등감, 자기비하, 우울, 죄책감, 내향적, 신경질, 정신분열 등을 의미한다. 그가 그린 집은 집이라기보다는 교회에 가까웠다. 집은 자아 개념을 보여주는 부분인데 그 집은 이상하게 느껴졌다. 문과 창이 꼭 닫힌 걸 보니 자아세계를 닫아버린 듯 했다. 그림 속 사람은 상당히 흥미로웠다. 가면을 쓰고 손에 사람 머리와 칼을 들었다.

"상담사님, 그림이 뭘 의미하나요?"

이 선생은 절박하게 물었다. 방금 전 대충 그려보겠다던 그의 태도와는 전혀 다른 반응이었다. 도움을 받고 싶어 하는 그의 간절한 마음이 느껴졌다.

"나무를 왜 이렇게 그렸나요?"

"죽었나 봐요. 아니면 곧 죽을 나무이든가요."

"수직으로 걸린 건 뭐죠?"

"쓰레기가 아니면 손수건. 뭐 그런 것들이요. 아무튼 낡아 보여요!"

이 선생은 자기 그림이 아닌 듯 제3자의 입장에서 말했다.

"이혼 때문에 삶이 다 끝나버렸다고 생각하시나요?"

수관은 현재 상태를 의미하기 때문에 이렇게 물었다.

"네. 제 삶은 완전 끝장났어요. 이제 집도, 직장도 없어요. 아무것도 남은 게 없어요!"

성인 남자가 내 앞에서 상심하여 갑자기 울음을 터트릴 때 어떻게 해야 할지 몰라 당황스러웠다. 내가 할 수 있는 최선이라곤 그를 위해 휴지를 준비해주는 것 밖에 없었다.

"아내를 위해 모든 것을 바쳤지만 얻은 게 아무것도 없어요."

이 선생은 울먹이며 하소연을 늘어놓았다.

나는 그가 가슴 속에 담아놓은 이야기를 모두 털어 부정적인 기운을 쏟아내도록 하는 게 좋겠다고 생각했다. 이 선생과 얘기를 하다 보니 어느 덧 한 시간이 훌쩍 지나갔다.

"이 선생님, 시간이 벌써 이렇게 됐네요. 3일 후 같은 시간에 다시 만나는 게 좋겠습니다."

이 선생은 1980년 출생으로 올해 34세이지만 일반적인 80년대 생들과는 달랐다. 그는 자신이 몇 해 더 일찍 태어나 70년대 생이 되었다면 지금과는 전혀 다른 삶을 살았을 거라 했다.

"제 부모는 문화대혁명의 혼란으로 제대로 된 교육을 받지 못했어요. 인생의 황금기를 농촌으로 내려가 보내야 했죠. 부모님은 중년이 되어 다시 직장에 복귀했어요."

빈부격차가 갈수록 커지는 요즘 같은 시대에 이 선생은 출발점부터가 남들과 달랐다.

나는 지도 교수와 이 선생이 그린 그림을 보면서 이야기를 나눴다. 우리 둘 다 가슴이 먹먹했다. 가면을 쓰고 눈물을 흘리는 사람은 진정한 자아를 마주하지 못하는 이 선생을 의미하는 건 아닐까? 문이 닫힌 교회는 참회를 원하는 그의 속마음을 대표하는 걸까? 도대체 무슨 일 때문에 이 선생은 고목나무를 그렸던 걸까?

가벼운 추돌사고, 그러나 유산

3일 후, 이 선생은 약속한 시간보다 30분 일찍 상담소에 도착했다.

"일찍 오셨네요."

"네. 지각할까봐 좀 일찍 출발했어요."

"요 며칠 어떻게 지내셨어요?"

"별로 잘 지내지 못했어요. 다시 살아갈 기운이 안 생기네요. 어떻게 되돌릴 수 있을지 모르겠어요. 아무래도……."

이 선생은 이야기를 하다 갑자기 멈췄다. 무엇을 의식했는지 머뭇거리다 입을 다물었다.

"이야기를 이어가주시겠어요?"

"……결혼 생활을 되돌리지 못할 것 같아요."

이 선생은 긴 한숨을 내쉬었다.

"무슨 일이 일어났는지도 모르게 한 순간에 훅 하고 지나가버렸어요."

"그랬군요."

"너무 빨리 이혼을 해서 현실을 받아들이기 어려운 상황인가요. 그렇죠?"

"네. 어쩌다 내 인생이 이렇게 망가졌는지 모르겠어요. 저와 아내는 친구들 모임에서 알게 됐어요. 그녀는 올해 35살로 저보다 한 살 많아요. 둘 다 적은 나이가 아니라 결혼하면 바로 아이를 낳아야 한다는 부담을 안고 있었어요."

이 선생이 자기 이야기를 나누고 싶어 하는 모습을 보면서 나는 속으로 기뻐했다.

"그래서요?"

"아내는 일본회사에 다녔어요. 원래 올해 정규직 전환을 해야 하는데 회사가 이런저런 이유를 들어 계약하려 하지 않았어요. 그녀는 몹시 상심했어요. 그런 상황과 겹쳐 올해 초에 있었던 일로 아내는 더

욱더 힘들어 했어요."

"올해 초요?"

"네. 올해 초 아내는 우리 아이를 임신했어요. 그녀가 그토록 원하던 아이를요. 아내가 아이를 임신했다는 말에 저 역시 아내와 결혼하기로 마음먹었지요."

이 선생은 아이 이야기로 화제가 옮겨가자 말투와 눈빛이 온화해졌다. 그는 내가 아닌 먼발치를 바라봤다. 마치 그곳에 아이가 있는 듯했다. 다시 오랫동안 침묵이 이어졌다. 나는 그에게 이야기를 재촉하지 않았다. 이 선생은 이 말을 하기까지 많은 용기가 필요했으리라.

"어느 날, 우리는 친구와 식사 자리를 마련했어요. 모임을 마치고 집으로 돌아오는 길에 저는 운전을 하고 아내는 제 옆자리에 앉아 있었어요. 한참을 운전하고 가는데 갑자기 앞에 가던 차가 급브레이크를 밟아서 추돌사고가 일어났어요. 그때만 해도 저는 흔히 일어나는 가벼운 교통사고라고 생각했어요."

이 말을 하고 이 선생은 나를 쳐다보았다. 그는 감정을 자제하고 다시 말을 이었다.

"하지만 저와 아내에게는 치명적인 사고였어요. 아내가 유산을 했거든요."

"교통사고 때문이었나요?"

"저는 사고 때문이 아니라고 봐요. 분명히 말할 수는 없지만 당시 우리에게는 아무 일도 없었어요. 평소와 마찬가지로 집으로 돌아와 일찍 잠들었어요."

이 선생은 당시 기억을 더듬다 말을 이었다.

"그런데 새벽에 아내가 갑자기 하혈을 해서 급하게 응급실로 갔어요."

"그날 밤, 이 선생님은 몹시 당황했겠군요."

나는 아이를 가진 초보 아빠의 기쁨과 아이를 잃은 절망적인 슬픔을 충분히 이해했다.

"당황만 한 게 아니었어요. 한 번도 이런 일을 겪어본 적이 없어서 어떻게 해야 할지 정신이 없었어요. 병원에서 검사 후 의사가 아이의 생명을 보장할 수 없게 됐다며 빨리 수술을 해야 한다고 했어요. 그렇게 아내와 저는 아이를 잃었죠."

이 말을 마친 이 선생은 지쳐보였다. 모든 힘을 다 짜내어 버려 기운이 쏙 빠진 모습이었다. 그는 더 이상 말을 잇지 않고 멍하니 앞을 바라보았다. 나는 예전에 봤던 책이 생각났다. 책에는 태어나지 못한 아이를 '끝내지 못한 기쁨'이라고 불렀다. 나는 왜 이 순간에 그 말이 생각났을까? 상실의 아픔에 관한 내용이었기 때문일 것이다.

"그때부터 이 선생님은 자신의 생명을 고목나무라고 느끼기 시작했군요. 여기 그림의 나무처럼 말예요. 맞나요?"

"네. 다만 그때는 깨닫지 못했을 뿐이에요. 의사는 아내의 자궁에 문제가 생겨서 앞으로 아이를 가질 수 없다고 했어요."

나는 놀라서 물었다.

"그래서 어떻게 됐나요?"

"저는 아내에게 아이가 없어도 괜찮으니 예정대로 결혼하자고 말했죠."

"아내를 사랑해선가요? 아니면 그녀의 상처를 보듬어주기 위해서

였나요?"

"속죄하고 싶은 마음이 컸어요. 지난주에 제가 왜 교회를 그렸을까 생각해봤는데 아마 그런 마음 때문일 거예요. 이것이 잘못의 시작이었을 거예요."

"그렇게 생각한다면 이것은 잘못을 끝맺는 시작이에요. 이렇게 생각해야 조금 더 편한 마음으로 살 수 있을 거예요."

나는 이 선생을 위로했다. 이 선생은 자신에게 무슨 일이 일어났는지 조금씩 깨달았다. 그런 그를 보면서 나는 안도했다. 이 선생은 조금씩 그에게 일어난 문제들을 직시하기 시작했기 때문이다.

"아내와는 왜 이혼했나요?"

"회사 일이 바빠서 자주 야근을 했어요. 밤 12시에 회사에서 야근하러 오라고 갑자기 전화가 올 때도 있었죠. 참으로 불합리하죠. 그렇지 않나요? 아내를 돌봐야 하고 결혼식 준비도 해야 해서 나중에는 사표를 냈어요."

"스트레스가 많았겠어요. 하지만 모든 것이 좋은 방향으로 가고 있었네요."

나는 힘겨운 시간을 보냈을 이 선생에게 위로의 말을 건넸다. 이 선생은 차를 한 잔 마시고 한숨을 길게 내쉬더니 말했다.

"저도 그런 줄 알았어요. 아내를 돌보기 시작했지만 교통사고로 아이를 잃고 설상가상으로 아내가 정규직 계약을 하지 못했어요. 그때부터 아내는 신경이 예민해져서 걸핏하면 화를 냈어요. 아내는 아이를 잃지 않았다면 회사 일도 계속 할 수 있었을 거라 생각했거든요."

"그래서 아내 분은 이 선생님을 원망했군요. 아이를 잃은 일부터 모든 일의 원인이 이 선생님에게 있다고 생각했으니 말이에요."

나는 이 선생의 말을 들으면서 문제의 원인을 조금씩 이해할 수 있었다.

"처음에는 그렇지 않았어요. 그러다 다툼이 잦아지면서 그렇게 되었어요. 그날 친구 모임에 함께 가지 않았거나 추돌사고가 일어나지 않았다면 아이를 잃지 않았을 거라 생각했어요."

이 선생은 추돌사고가 자기 때문에 일어난 일이라며 괴로워했다.

"결혼 전 새 집 인테리어에 돈이 꽤 들어갔어요. 그런데 아내는 마음에 들지 않았나 봐요. 이 문제로도 몇 번 말다툼을 했죠. 당시 아내는 내가 알던 사람이 아니었어요. 어머니와 결혼 축하사탕과 같은 작은 일로 기분 상해하기도 했어요. 우여곡절이 많았지만 결혼식을 올리긴 했는데 3일, 딱 3일이었어요."

이선생은 이 말을 하고 자신이 그린 그림을 쳐다봤다.

"교회처럼 보이는 집에 관한 얘기를 더 들려주실 수 있으신가요?"

나는 이 선생이 부딪힌 문제와 왜 자괴감을 느끼는지 알았지만 그가 자신을 어떻게 생각하는지 더 듣고 싶었다.

"속죄를 하고 싶었겠죠."

"심리학에서 집은 가정과의 관계를 의미해요. 아내와 이별은 이 선생님이 생각하는 가정과 관련이 있어요. 이 선생님은 가정을 속죄의 공간으로 생각해요."

나는 이 선생과 그의 아내가 왜 헤어질 수밖에 없었는지 조금은 알 수 있었다. 용서하는 자와 속죄하는 자의 관계는 처음부터 불평등이 존재했다.

"이 선생님의 아내는 아이가 그렇게 된 게 이 선생님 잘못이라고 느끼고 있고, 이 선생님 역시 자기 잘못이라고 생각하고 있군요."

이 선생이 처음 이 일을 이야기 할 때가 생각났다. 그는 이성적으로는 이 일을 이해하지만 감정적으로는 여전히 자신에게 잘못이 있다고 생각하는 것이 아닐까.

이 선생은 중얼거리듯 말했다.

"아이가 그렇게 된 건 제 책임이 커요. 다만 이제껏 인정하지 않았을 뿐이에요. 아내와 말다툼을 할 때마다 뱃속의 아이를 두고 싸웠어요. 저는 의사조차도 추돌사고와 관련됐는지 확신할 수 없다고 하지 않았느냐, 그런데 왜 자꾸 생트집을 부리냐고 아내를 다그쳤어요. 말은 그렇게 했지만 솔직히 제 자신의 잘못이 커요. 그날 아내에게 모임에 가자고 하지 않았거나 제가 운전에 조금 더 집중했다면 추돌사고가 일어나지 않았을 테고 그랬다면 이렇게 되지도 않았겠죠."

나는 이 선생에게 궁금한 점을 물었다.

"그래서 그림 속 사람 손에 사람 머리가 들려있었군요. 이 선생님 자신이 이 사람을 죽였다고 생각하나요?"

"일본 애니메이션 〈센과 치히로의 행방불명〉에 나오는 사람이에요. 보신 적 있나요?"

"아니요. 저에게 줄거리를 알려주시겠어요?"

"사람들은 이 사람을 나쁜 사람으로 알고 있지만 사실은 좋은 사람이에요. 치히로를 보호해줬어요. 이 사람을 제 자신으로 여기고 그렸나 봐요. 치히로를 보호해주는 사람이 되고 싶었거든요."

"칼과 사람의 머리를 들었다는 건 사람을 살해했다는 사실을 알리고 싶은 심리였나요? 이 선생님은 이성적으로는 잘 알고 있어요. 아이를 잃은 건 자신과 큰 관련이 없다는 걸요. 하지만 잠재의식 속에서는 인정하지 않고 있죠. 이 선생님 자신 때문에 아이가 죽었다고 생각하는 거 맞나요?"

"네, 맞아요. 솔직하게 말하니 마음이 후련하네요. 저 때문에 아이가 죽었어요. 제가 죽일 놈이에요."

이 선생은 감정이 격양되었다.

"이 선생님, 오늘은 시간이 다 됐어요. 집으로 돌아가서 정말 자신이 아이를 죽였는지 생각해보세요. 3일 후 같은 시간에 다시 봬요."

"네, 그러겠습니다. 고맙습니다!"

이 선생이 돌아간 후 나는 지도 교수와 이 선생의 일에 관해 이야기를 나눴다.

"방금 전, 이 선생은 자신과 자기 아내의 관계를 이야기했어요. 이 선생은 자기 때문에 뱃속의 아이를 잃었다고 생각해요. 그래서 그림 속에 속죄하고 싶은 신호를 보낸 거예요."

나는 이 선생의 사례와 관련된 자료를 정리한 후 지도 교수에게 보고했다.

"저는 왜 두 사람이 이혼했는지 그 이유를 아직까지 모르겠어요. 이 선생도 저와 함께 그 답을 찾고 있어요. 답을 찾고 나면 이 선생이 처한 상황을 조금 더 수월하게 도와줄 수 있을 거예요."

"조, 아주 잘하고 있어. 하지만 왜 이 선생이 자신이 아이를 죽였다고 생각하는지 헤아려본 적이 있나?"

"아마도 확신이 부족한 게 아닐까요?"

나는 내 관점을 지도 교수에게 알릴 수 있어서 속으로 기뻤다. 하지만 그는 곧바로 새로운 관점을 제시했다.

"이 선생이 3일 만에 이혼한 것은 그의 잠재의식 속에 자신을 죄인이라고 여기는 것과 관련이 깊을 거야. 그렇다면 이 선생이 왜 그렇게 생각하는지 더 깊이 있게 분석해봐. 자세히는 모르겠지만 이 선생이 이 나무에 주목하고 있나?"

지도 교수는 나무 그림을 가리키면서 말을 이었다.

"나무의 뿌리가 밖으로 노출되어 있어. 원래 흙 속에 깊숙이 박혀 있어야 영양분을 흡수할 수 있지. 뿌리는 과거의 성장을 상징해. 그런데 밖으로 노출되었다는 것은 끊임없이 과거를 회상한다는 거지. 아마도 이 선생은 자기 과거를 분명히 하고 싶은 거야. 지금의 문제를 해결하기 위해서. 발톱처럼 여기저기 뻗은 뿌리는 복잡한 대가족이 있거나 어떤 것을 이해하고 싶다는 뜻이기도 할 거고. 나무줄기에 난 상처는 이 선생이 성장과정에서 받은 상처라고 보여. 이것이 지금 이 선생의 낮은 자존감과 어떤 관계인지 모르겠어. 조, 이 부분을 집중해서 보았으면 해."

잠재의식 속 나는 살인자

이 선생을 처음 만난 후 어느새 일주일이 지났다. 오늘이 세 번째 만남이다. 그는 황록색에 깃이 둥근 코트를 입고 왔다. 지난번보다 안색이 밝아 보여 내 마음이 편해졌다. 나는 이 선생의 왼쪽에 앉으며 그에게 물 한 잔을 건넸다.

"요 며칠 어떻게 지내셨어요? 지난번보다 밝아 보여요."

"지난 번 상담을 마치고 집으로 돌아간 후 펑펑 울었어요. 저는 나쁜 놈이에요. 제가 아니었으면 아이를 잃지 않았을 거예요. 제가 아이를 죽이고 전처를 아프게 했어요."

나는 이 선생이 예전과 달리 자기 아내를 '전처'라고 부르는 데 주목했다. 그는 이혼이라는 현실을 받아들였다.

"이 선생님, 이렇게 털어놓고 나니 마음이 편해졌나요?"

"네. 이야기를 숨김없이 말한 후 마음이 너무 아팠어요. 하지만 나중에 든 생각인데 사실 이건 제 잘못이 아니에요. 잘못의 경중을 따진다면 전 아내의 잘못이 더 커요. 이 사실을 알고 나니 오히려 마음이 편해졌어요."

"일부러 의도한 일은 아니었잖아요."

나는 위로의 말을 하고 이 선생을 바라봤다. 전보다 한층 나아진 그를 보니 기분이 좋았다.

"저와 전처의 관계는 아이가 세상을 떠났을 때부터 변하기 시작했어요. 저는 내내 속죄하고 싶은 마음으로 괴로워했죠. 전처에게 제 잘못이라고 빌기도 했어요. 그랬더니 그녀는 갈수록 제 탓만 하는 게 아니겠어요. 마치 그녀에게 큰 빚이라도 진 사람처럼 저를 대했죠."

나는 이 선생의 생각에 공감한다는 표시로 미소를 지었다.

"이 선생님, 왜 잠재의식 속에 아이를 잃은 것이 자신의 잘못이라고 여기는지 생각해본 적이 있나요? 자, 여기를 보세요. 그림 속 나무에서 이 선생님의 성장과정을 볼 수 있어요. 과거에 받은 상처를 아직까지 치료하지 못했어요. 나무줄기에 난 상처는 어릴 적 받은 상처를 뜻해요. 나무뿌리가 밖으로 나온 것은 과거의 경험에서 명확한 미래를 찾는다는 것을 의미해요."

이제는 이 선생과 조금 더 깊은 이야기를 나눌 수 있다고 판단했다. 나는 진심으로 이 선생을 돕고 싶었다.

"상처 받은 원인이 무엇인지 모르겠어요. 저도 예전에 제가 왜 그렇게 무기력하게 자신의 잘못이라고 인정했는지 알고 싶어요."

HTP 검사도 오류가 생길 수 있다. 이번에 나는 지나치게 경솔했다. 그래서 이 문제에 관해 더 이상 말하지 않기로 했다.

"오늘은 여기까지 할까요? 일주일 후에 다시 오세요. 괜찮나요?"

"네, 괜찮습니다. 고맙습니다!"

이 선생이 상담소를 나가는 모습을 보면서 나는 그와 상담이 거의 끝나가고 있다고 생각했다. 이후 지도 교수와 토론하는 과정에서 지도 교수와 달리 나는 이 선생이 긍정적인 상황으로 가고 있고 앞으로 그가 사회에 나가 다시 일할 수 있도록 격려해주는 것이 중요하다고 주장했다.

마음속에 묻어둔 아이와 전처의 짐을 내려놓는다면 그가 예전보다 밝은 모습으로 살아갈 수 있을 거라 믿었다. 그런데 지도 교수는 다시 한 번 나를 일깨워줬다.

"조, 방관자의 시각에서 봐도 뭔가 이상하지 않니? 한 남자가 아내 뱃속의 아이가 죽은 일을 순전히 자기 잘못으로 돌리는 게 이상하단 말이지. 안 그래?"

나는 어디가 이상한 지 알 수 없었다. 이 선생은 바쁜 일이 있었는지 약속한 시간에 오지 않았다. 며칠 후, 내 비서에게 약속 시간을 깜빡 잊었다고 알렸다. 그리고 오늘 그는 상담하러 오겠다고 약속했지만 솔직히 그가 올지 확신할 수 없었다.

여동생 트라우마

심리학에는 내담자가 네 번째로 올 때야말로 마음의 소리를 솔직하게 털어놓는다는 말이 있다. 오늘은 이 선생과 내가 네 번째로 만나기로 한 날이다. 우려와 달리 이 선생은 상담소로 왔다.

"미안해요. 지난주에 약속을 깜빡 잊었어요."

"아니에요. 무슨 특별한 이유가 있었는지 말해줄 수 있나요?"

상담소를 찾지 못할 일이 있었다면 나는 이 순간 이 선생이 어떤 생각을 하는지 주목해야 했다.

"특별한 이유는 없어요. 다만 부모님을 찾아뵙고 제가 이혼한 일을 말씀드렸어요."

"부모님도 속상해하셨나요?"

"네. 저에게 크게 실망하셨어요. 저를 힘들게 키웠는데 호강은커녕 노후를 편하게 보내기는 틀렸다고 말씀하셨어요. 그리고 여동생이 살아있었다면 저 때문에 걱정할 일도 없었을 거라고도 하셨죠."

부모님 이야기로 화제가 돌아가자 이 선생은 우울한 표정을 지었고 감정도 격해졌다.

"당시 저만 아니었어도 그런 일이 없었겠죠. 저도 많이 괴로워요."

"부모님이 그런 말을 자주 하나요?"

나는 무슨 일이 있었는지 자세히 모르지만 한 가지 예감은 확실히 들었다. 지도 교수가 지적했던 이 선생의 자기 비하 이유 말이다.

"부모님은 가끔 그런 말을 하세요. 여동생이 살아있었다면 이러지 않았을 거라고요."

"여동생과의 일을 얘기해줄 수 있나요?"

이 선생이 태어날 때쯤 중국은 산아제한정책을 실시했다. 그와 같은 또래 대부분은 외동아들이거나 외동딸이었기 때문에 이 선생이 여동생을 언급할 때 나는 흠칫 놀랐다. 이 선생은 기억을 더듬어 여동생과 관련된 일을 털어놓았다.

"당시 저는 네 살이었어요. 어느 날, 부모님이 저에게 여동생이 생길 거라며 절대 다른 사람들에게 말하지 말라고 했어요. 나중에 어머니 혼자 고향으로 갔고 저는 여기서 쭉 학교를 다녔어요.

저는 이 이야기를 오직 한 명, 가장 친한 친구에게만 말했어요. 그러면서 여동생이 생겨서 기쁘다고 했죠. 사실 이 일은 너무 어릴 때 일어났기 때문에 기억이 희미해요. 그런데 저 때문에 소문이 났고 누군가 어머니가 계신 고향으로 찾아갔나 봐요. 결국 여동생은 어머니 뱃속에서 7개월을 살다 저 세상으로 가야했어요. 아주 예쁜 여동생이었을 텐데……."

"그 일로 부모님은 이 선생님을 원망했군요. 당시 부모님은 여동생을 낳고 싶어 했었나 봐요."

이 선생은 대답을 망설이며 어찌할 줄 몰라 했다. 이 일이 자신에게 영향을 끼쳤다는 사실을 인정하길 원치 않았다. 그의 불안한 마음이 고스란히 전해졌다.

"네 살밖에 안 된 어린 남자아이에게는 감당하기 어려운 일이었을 거예요."

나는 아무것도 할 수 없는 남자아이가 자기 잘못이 뭔지도 모른 채 부모에게 살인자라며 혼이 났을 때 어떤 마음이 들었을지 충분히 이해됐다.

"하지만 그건 제 잘못이 맞아요. 여동생은 이 세상에 올 기회조차 잃었잖아요. 안 그런가요?"

"이 선생님은 그렇게 생각하고 있었군요?"

겉으로는 티를 내지 않았지만 이 선생이 왜 이렇게 마음의 짐을 짊어지고 살아야 했고 결혼한 지 3일 만에 이혼했는지 이제야 알 것 같았다. 그는 구원을 원하고 있었던 것이리라.

그날 이후, 이 선생은 다시 상담소를 찾아와 치료를 받았다. 매주 만날 때마다 그는 서서히 마음의 짐을 내려놓게 되었고 잃어버린 자신감을 되찾아갔다.

HTP 해석

이 선생의 그림

- 교회 같은 집 : 속죄의 공간
- 고목 : 열등감, 자기비하, 우울, 죄책감, 내향적, 신경질, 정신분열
- 나무 줄기 많은 선 : 과거의 상처, 성장과정의 상처

- 닫힌 문과 창 : 자아세계 패쇄
- 뿌리가 노출된 나무 : 끊임없는 과거의 회상
- 발톱처럼 뻗은 나무 : 복잡한 대가족이 있거나 이해하고 싶다는 의미
- 칼과 사람 머리를 든 사람 : 잠재의식 속 살인자

제6장

버림받을까 먼저 이별한 사랑

일부 사람들은 자신이 할 수 있는 일과 할 수 없는 일에 대해 맹목적인 기준을 정해놓는다. 쉽게 말하면, 자신이 같은 잘못을 반복적으로 저지르는 걸 알면서도 고치지 못한다. 심지어 잘못된 결정인데도 온갖 이유를 대면서 자기합리화를 한다. 왜 그럴까? 문제의 원인은 어디에 있을까? 타고난 성격이 운명을 결정하는 걸까?

그것이 아니라면 운명을 결정하는 건 무엇일까? 앞서 소개했던 이 선생의 경우, 자기비하와 자괴감의 원인은 과거 여동생과 연관이 있었고 잠재의식 속에 내재된 생각들이 행위에 영향을 주었다. 그는 자신의 행동이 잘못됐음을 알면서도 같은 생각과 행동을 반복했다.

아마도 성장하는 과정에서 겪었던 무언가가 잠재의식을 파고 들어가 끊임없이 자신에게 "너는 앞으로 이럴 거야."라는 지령을 내리는 건 아닐까. 의식하지 못하는 사이에 그것이 행동으로 나와 밖으로 표출되는 것일 테고.

세 번의 사랑, 세 번의 이별

샤오주는 쉬지도 않고 우리에게 자신의 푸념을 늘어놓았다.

"아, 글쎄 제가 여자 친구를 세 번 사귀었는데 세 번 다 여자 친구들이 바람을 피다가 저한테 딱 걸려서 헤어졌어요. 어떻게 운이 없어도 이런 여자들만 만날 수 있죠!"

주위에 있던 다른 사람들은 한두 번 들은 것이 아닌 듯, 듣는 둥 마는 둥 각자 할 일만 했다.

샤오주는 내 남편인 알렉스의 친구로 동창회에서 알게 된 후 사이가 돈독해졌다. 그는 배드민턴이나 보드게임 같은 그들만의 정기 활동에 자주 참가했다. 하지만 나는 그와 친해지지 못했다. 심리상담사인 나는 나의 모든 내담자를 존중하고 그들과 같은 마음으로 이해하려 했다.

친구의 시각에서 보면, 알렉스의 친구들은 정직하고 최선을 다하는 사람들이다. 그러나 샤오주를 보면 어딘가 느낌이 불편해서 그가 활동에 참가해도 마주칠 기회는 많지 않았다.

어느 날, 그는 모임에서 HTP 검사를 받았다는 친구들 얘기에 흥미가 생겼는지 알렉스에게 자기도 검사를 해달라고 부탁했다. 하도 간절히 청해서 친구들이 모두 여유로운 오후 시간을 잡아 우리 집에서 모이기로 했다.

지난번 모임 때 남편 친구들은 HTP 검사를 한 번 해봤기 때문에 익숙하게 우리 주변으로 모여들었다. 나는 먼저 샤오주에게 종이에 집, 나무, 사람 세 요소를 그린 후 다른 요소들도 자유롭게 그려보라고 했다. 또한 그에게 만화처럼 그린다거나 성냥개비 사람을 그리면 안 된다는 주의도 줬다. 그는 3, 4분도 안 되어 금세 그림을 완성했다.

"어서 봐줘요. 이 그림에 무슨 의미가 담겨 있나요?"

샤오주의 재촉하는 말에 살짝 불신하는 어투가 느껴졌다.

"어떤 문제를 묻고 싶으세요?"

그림에서 얻은 정보가 매우 적었기 때문에 그가 알고 싶은 것이 무엇인지 자신의 이야기를 더 많이 들어야 했다.

"제가 어떤 사람인지 알고 싶어요."

나는 호기심이 생겼다.

"왜 알고 싶은가요?"

"나도 잘 모르겠어요. 저는 실패한 사람이에요. 세 번의 연애를 했는데 여자 친구들이 모두 저를 속이고 양다리를 걸쳤어요. 친구들은 이미 결혼해서 가정을 꾸렸는데 저만 아직 솔로예요. 저는 언제쯤 여복이 생길까요?"

자리에 있던 사람들이 웃음을 터트렸다. 조금 전까지도 주위를 맴돌던 긴장된 분위기가 샤오주의 농담 한마디에 화기애애해졌다.

"그건 알기 힘들어요."

"그렇다면 이 그림에서 뭘 알 수 있죠?"

나는 샤오주에게 그림을 설명했다.

"집이 왼쪽에 위치해 있군요. 이건 과거의 어떤 것과 관련이 있어

요. 집은 태어난 가정과의 연결점이에요. 이 부분이 과거와 연결되어 있단 말이에요. 즉, 현재라는 집이 아닌 다른 곳에 살고 있군요. 그렇죠?"

샤오주는 더 이상 말하지 않고 침묵했다. 맞는지 그렇지 않은지 말하지 않았다. 나를 쳐다보는 그는 무언가 하고 싶은 말이 있지만 할 수 없는 듯 보였다. 나는 남편과 그의 친구들을 보고 잠시 생각에 잠겼다가 다시 샤오주에게 물었다.

"서재에 가서 단 둘이 이야기를 나눌까요?"

"좋아요."

노력해도 실패할까 두려워

서재에 들어온 샤오주는 능글맞던 태도를 거뒀다. 나는 그의 태도에 적응하기 어려웠다.

"샤오주, 당신의 웃음은 특별하다고 생각했어요. 다른 사람과는 어딘가 달라요."

"그럴 거예요. 직업상 웃음 짓는 법을 연습했죠."

샤오주는 에둘러 말하지 않고 직설적으로 말을 이어갔다.

"어릴 적, 어머니를 일찍 여의었어요. 제가 초등학생 때 새어머니가 우리 집으로 왔어요. 그 후 아버지는 새어머니와 다른 곳으로 이사를 가고 저만 남았죠."

나는 그림을 분석하기 시작했다.

"그랬군요. 이제야 그림이 조금 이해가 돼요. 그래서 집의 문이 꼭 닫혀 있었군요. 창문도 없고요. 겉으로는 명랑하고 활기차 보이지만 실제로는 그렇지 않아요. 맞죠? 외적인 모습 뒤로 상당히 자폐적인 성향이 보여요. 자기 자신을 홀로 대면할 때 비로소 발현되는 감정이에요."

"그럴 거예요."

샤오주는 지금까지 봤던 모습과는 전혀 달랐다. 처음으로 진실한 모습을 보였다. 나는 그에게 진심으로 필요한 것이 있음을 직감했다. 그는 더 이상 장난치듯 가볍게 행동하지 않았다.

"그림 그리기 전에 사람을 성냥개비처럼 그리지 말라고 했는데 제 말을 듣지 않았군요."

나는 샤오주에게 이 부분을 지적했다. 그가 이렇게 그린 이유를 직접 듣고 싶었다. 샤오주가 부끄러워하면서 말했다.

"그림을 못 그려요."

"다른 시각에서 보면 샤오주 당신은 방어 성향이 상당히 강해요."

나는 그의 눈을 바라보며 말했다. 내 말이 맞는지 알고 싶었다. 샤오주의 표정에 슬픔이 가득해졌다.

"그럴지도 몰라요. 자신을 꽁꽁 숨길 때가 있어요. 제 자신이 어떤 사람인지 모를 정도로 깊은 곳으로 숨어버려요."

"그림 속 사람은 자신의 이미지에 가장 가까워요. 그래서 사람을 그릴 때 방어적인 모습이 많이 드러나요. 샤오주 씨가 성냥개비 사람을 그린 것도 그런 이유일 거예요. 이건 아주 자연스러운 반응이에요. 그러니 너무 마음에 두지는 마세요. 다만 그렇다는 점만 이해하면 되는 거예요."

"그림 속에 다른 의미들이 있나요?"

"그림을 너무 간단하게 그려서 나무에서 어떤 의미를 찾을 수 있을지 조금 더 봐야겠어요."

나는 샤오주와 함께 나무를 다시 살펴봤다. 그러고 나서 그에게 나무를 분석해주기 시작했다.

"전체적으로 그림이 아주 단순해요. 나무의 윗부분은 둥글둥글하면서도 뾰족한 부분이 있군요. 여기서 뾰족한 부분은 성격상 분열적인 성향이라는 것을 보여줘요.

겉으로 봤을 때는 안정적이지만 일이 생기면 쉽게 극단적으로 기울어져요. 나무줄기도 뾰족하게 위로 향하는데 이건 강한 공격성을 말해주고 있어요. 지평선도 보이는군요. 지평선은 불안감과 의존 욕구를 암시해요."

나는 이 그림이 주는 전체적인 느낌을 말했다. 내 분석을 듣고 샤오주는 조심스럽게 입을 열었다.

"솔직히 말하자면 오늘 온 이유는 저에게 어떤 문제가 있는지 알고 싶어서예요."

내담자들은 자신에게 무슨 일이 일어났는지 알고 싶어서 상담소를 찾아온다. '그들은 단순하게 나에게 문제가 있어.'라며 쉽게 결론지어 버린다. 근본적인 원인은 찾지 않은 채.

"무슨 일로 그런 생각을 하는 거죠?"

"저는 실패했어요. 업무 면에서 아무런 성과를 못 냈죠. 늘 더 잘하고 싶었지만 되돌아보면 아무것도 이룬 것이 없어요."

"더 잘하고 싶은데 안 된다고요? 부담감이 큰가요?"

"부담감 때문만은 아니에요. 하지만 뭐라고 말해야 할지……. 노력해도 어차피 실패할 거라는 생각이 들어요. 이런 생각이 드니 바보처럼 최선을 다해 노력할 필요가 있나 싶어요. 제 말을 이해하나요?"

"네. 이해해요. 산에 호랑이가 있는 걸 알면서도 그 산에 들어가는 사람은 극히 드물죠. 제 비유가 맞나요?"

샤오주에게 내가 이해한 내용을 비유적으로 표현했다. 샤오주는 쑥스러워했다.

"무슨 일을 하든지 거의 그런 생각에 사로잡혀 있어요. 저도 잘 알아요. 저에게 문제가 있다는 걸요. 열심히 할 가치가 없는 일도 있나요? 당연히 없죠. 또 최선을 다하면 그만큼의 보상도 받잖아요. 이걸 알면서도 노력에 비해 아무것도 얻지 못할까봐 늘 두려워요."

"실패할까봐 노력하지 못한다는 건가요?"

"네. 그렇게 봐도 돼요."

"이건 새로운 생각이군요. 그렇다면 샤오주 씨에게 실패는 어떤 것을 의미하나요?"

"나는 실패자예요."

"실패자인 자신을 받아들일 수 없는 건가요?"

"네. 제 자신이 실패자인 걸 받아들일 수가 없어요. 저는 이런 저에게 이미 지칠 대로 지쳤어요. 일어날지도 모를 일에 맞부딪힐까봐 두려워서 쉽게 포기하고 말아요. 물론 아주 가끔은 노력하면 해낼 수도 있겠다는 생각이 들긴 해요."

샤오주는 자신이 의식하는 문제를 어떻게 표현해야 하는지 어려워했다.

"그래요. 그림에서 샤오주 씨가 자폐적인 성향이 강하다는 걸 알았어요. 자기보호가 강하죠. 실패할 거라는 느낌이 들면 그냥 포기해버리죠. 절대로 샤오주 씨가 해내지 못해서가 아니에요."

"맞아요. 그런 생각을 많이 해요."

나는 조금 더 심층적으로 분석하기 위해 샤오주에게 무엇을 두려워하는지 물었다.

"제가 실패자라는 게 너무 두려워요."

"샤오주 씨가 보기에 어떤 사람이 실패자인가요?"

"노력해도 헛수고로 돌아가는 일들이 있었어요. 그때 제 자신에게 얼마나 실망했는지 몰라요. 더 이상은 그런 실망감을 느끼고 싶지 않아요."

샤오주의 감정이 격해지기 시작했음을 그의 말투에서 느껴졌다. 나는 샤오주가 무엇을 두려워하는지 분명히 알 수 있도록 돕기 시작했다.

"실패가 신경 쓰이나요? 아니면 노력이 헛수고로 돌아가는 걸 신경 쓰는 건가요?"

"둘이 다른가요?"

"달라요. 노력이 헛수고가 됐다고 강조하고 있으니까요."

"네. 노력이 헛수고로 돌아가는 걸 더 신경 쓰고 있다고 봐야겠어요. 성공이 얼마 남지 않았을 때 포기를 선택해요."

"무엇 때문에 포기를 선택하는 거죠?"

"노력을 하면서도 실패할까봐 두려워 어느 순간 포기해 버린 내 자신을 발견하곤 하죠. 솔직히 말하면 사귀었던 여자 친구들도 사실은 모두 제가 먼저 포기한 거예요. 그녀들이 헤어지자고 할까 봐 두려웠던 거죠."

"그럼 포기한 일들이 모두 실패했나요?"

"아니요. 지금 생각해보면 상황은 괜찮았어요. 조금 더 노력했으면 좋은 성과를 얻을 수 있었던 일들이었어요."

"이제 여자 친구와 관련된 일을 얘기해볼까요?"

나는 심적으로 그를 조금 이해할 수 있었다. 그의 문제는 지나친 방어였다. '너는 분명 나를 거부할 테니 내가 먼저 너를 밀어내겠다.'는 심리였다. 그러니 굳이 노력할 필요가 없었다. 적어도 체면은 살릴 수 있으니까.

"첫 번째 여자 친구는 대학생 때 사귀었어요. 졸업 후 여자 친구 부모님을 뵀는데 저를 탐탁지 않게 여기시는 것 같았어요. 제 조건이 마음에 들지 않았나 봐요. 어느 날, 그녀의 집 앞에서 그녀를 기다렸어요. 여자 친구를 깜짝 놀래주고 싶었죠. 그런데 멀리서 보이는 그녀는 다른 남자와 함께 걸어오고 있었어요. 데이드를 마치고 남자가 집까지 바래다주는 것 같았죠."

샤오주는 무표정하게 첫 번째 여자 친구와 있었던 일을 담담히 털어놓았다.

"첫사랑은 가장 잊기 어렵지 않나요?"

나는 샤오주가 여자 친구를 이야기할 때 그에게서 어떤 감정적인 변화도 느끼지 못했다. 마치 남의 일을 이야기하는 사람 같았다.

"그 정도는 아니었어요. 여자 친구가 저를 먼저 좋아했거든요. 대학을 다니면서 연애할 때는 이야기가 잘 통했어요. 하지만 그녀의 부모님이 저를 마음에 들어 하지 않는다는 것을 알게 되자, 우리가 함께해야 할 이유가 사라졌다는 생각이 들었어요. 다만 그녀에게 다른 남자가 있을 거라고는 상상도 하지 못했지만요."

샤오주는 이성적인 태도로 말했다.

"여자 친구의 부모님이 샤오주 씨를 좋아하지 않는다는 걸 알고 심적으로 결정을 내렸던 거군요. 그녀와 함께할 수 없다는 사실을요. 그런가요?"

나는 샤오주가 부정적인 생각을 하는 이유를 이해했다. 그는 일어나지 않은 일이지만 위험을 느끼면 선제공격하듯이 상대가 거절하기 전에 자신이 먼저 상대방을 거부했던 것이다. 그는 그만큼 방어성향이 강했다.

"어떻게 알았죠? 마음으로는 원치 않았지만 우리가 더 이상 함께 할 수 없다는 걸 분명히 깨달았어요."

"두 번째 여자 친구와는 어땠나요?"

나는 두 번째 여자 친구와 있었던 일도 궁금해져서 물었다. 샤오주는 내 요청에 두 번째 사랑에 대해 말해 주었다.

"저는 가끔 낯선 사람들을 만나는 모임에 참석해요. 아는 사람이 한 명도 없는 그런 모임이요. 그들과 함께 게임도 하고 식사도 하고 노래를 부르기도 하죠. 두 번째 여자 친구는 그런 모임에서 알게 됐어요. 새벽 4시 넘어서까지 노느라 저는 무척 지쳐있었어요. 잠시 잠이 들었다 깨어나니 그녀가 저를 쳐다보고 있더라고요. 집에 가기 위해 택시를 잡으러 가는데 마침 그녀와 같은 방향이었어요. 그날 이후 우리는 사귀었어요. 당시 그녀와 잘 맞았기 때문에 결혼까지 고려했었어요."

"그런데 왜 헤어졌죠? 그녀에게도 다른 남자가 생겼나요?"

"다른 남자가 생겼는지 확실히는 몰라요. 밸런타인데이 때, 여자 친구는 회사에서 야근해야 한다고 말했어요. 그날 저는 그녀에게 깜짝 선물을 주기 위해 그녀의 퇴근 시간에 맞춰 회사 앞으로 갔어요. 그러고 전화를 했지만 제 전화를 받지 않더군요."

샤오주는 이 말을 하면서 눈시울이 붉어졌다. 당시의 일들을 아직도 마음에 담아두고 있는 것이 분명했다. 그는 잠시 말을 멈추다가 다시 이어갔다.

"그해의 밸런타인데이를 영원히 잊지 못할 거예요. 회사 경비원의 말에 의하면 야근하는 사람이 없다고 하더군요. 그녀에게 다시 전화를 거니 그제야 전화를 받았어요. 그러고는 방금 퇴근하고 나와서 전화 울리는 소리를 못 들었대요. 그러고 나서 저를 만나러 회사로 돌아오겠다고 했어요."

그는 이 말을 하고는 한숨을 내쉬었다. 나는 그 다음 이야기가 궁금했다.

"그 다음에 어떤 일이 일어났나요?"

"그녀는 밤 10시가 되어서야 제가 기다리는 회사로 돌아왔어요. 그날 우리는 크게 다퉜고 헤어졌어요."

"오해가 있었나요?"

샤오주가 대답하기 전, 나는 그가 처음에 세 여자 친구가 있었고 셋이 모두 양다리를 걸쳐서 헤어졌다고 한 말이 떠올랐다.

"그녀에게 새 남자가 생겼는지 확실하지 않아요. 다만 밸런타인데이였던 그날, 저는 그녀가 다른 사람과 함께 있었다고 느꼈어요."

"그게 사실이었나요?"

"저도 몰라요. 몇 년이 지난 일이라 지금은 잘 모르겠어요. 제가 오해했던 건지 아니면 정말 그녀에게 다른 남자가 생겼는지 알 수가 없어요. 하지만 남자가 생겼다고 믿을 수밖에 없는 상황이라고 하니 그녀는 그제야 급하게 와서 제게 해명했어요.

그렇지 않았다면 야근을 끝내고 저에게 연락하지 않을 이유가 없지 않나요? 일찍 일을 마치고 퇴근했다면 우리는 함께 밸런타인데이를 보낼 수 있었을 거예요. 회사에서 야근을 한다고 했으면서 왜 제 전화를 받지 않았을까요?"

샤오주는 여기까지 말하고 더 이상 두 번째 여자 친구와 있었던 일을 말하지 않았다. 대신 세 번째 여자 친구에 대해 말하기 시작했다.

"세 번째 여자 친구와 교제를 시작했지만 여자 친구와 헤어진 지 얼마 안 됐기 때문에 전 여자 친구를 잊지 못하고 있었어요. 하지만 새로 만난 세 번째 여자 친구에 대한 마음만은 진지했어요. 결혼을 전제로 만났거든요."

샤오주는 격해졌던 감정을 누그러뜨리고 침착하게 말했다.

"그런데 어째서 또 그녀에게 새로운 남자가 생긴 거죠?"

"처음에는 모든 일이 순조로웠어요. 하지만 어느 날, 뭣 때문에 다퉜는지 기억이 잘 나지 않지만 당시 그녀가 저에게 평생 잊지 못할 말을 했어요. 저와 결혼할 생각이 눈곱만큼도 없다는 거였어요."

"그때 이후로 두 사람 사이에 감정적인 문제가 일어났군요. 그런가요?"

"그래요. 그날 이후 그녀는 다른 친구들과 여러 모임에 다니느라 3주 정도 저에게 연락하지 않았어요. 기다리다 못해 제가 전화를 하자 그녀는 좋아하는 사람이 생겼다며 다시는 전화하지 말라고 했어요. 세 번째 사랑은 그렇게 떠나갔어요."

"여자 친구가 결혼할 생각이 없다고 말한 후 두 사람의 관계는 사실상 이미 끝나버린 거로군요."

"아마도 그런 것 같아요. 저는 그녀 입에서 '헤어지자'는 말이 나올까봐 두려웠어요. 차였다는 충격을 받아들일 수 없었어요."

"그래서 이후 그녀와 일부러 소원해진 거로군요."

"그랬을 수도 있어요."

약속을 저버린 가족

샤오주는 자신이 먼저 여자 친구를 멀리했음을 인정했다. 나는 그 역시 자기 상황이 어떤지 파악했다고 보고 정리하여 말했다.

"겉으로 보면 세 번의 사랑 모두 제3자가 끼어들어서 끝나버린 것처럼 보이지만 사실 주도권은 샤오주 씨 손에 있었어요. 다시 말해 상대방이 헤어지려고 하는 기미가 보이면 샤오주 씨가 먼저 이별을 고했어요. 말로 하지 않아도 행동으로 이별을 알렸죠."

"그랬을 거예요."

"일하면서 부딪히는 문제도 마찬가지예요. 알고 있었나요? 상대가 거절하기 전에 샤오주 씨가 먼저 결정을 내려버렸어요. 이게 습관이 돼버린 거죠."

내 말에 샤오주가 공감했다.

"노력하는 것도 두렵지만 노력해도 실패하는 게 더 두려워요. 이것은 제가 무능한 사람이라는 걸 보여주는 거죠. 늘 이런 생각을 하면서 사니 노력해도 모든 게 물거품이 되어 버리는 걸 거예요. 제가 왜 이런 사람이 돼버렸죠?"

"성장 과정에서 어떤 일에 부딪힌 이후로 잠재의식 속에서 이런 결정을 해버리는 거예요. 어릴 적 크게 실망했던 일이 있나요? 아직도 기억에서 지울 수 없는 실패했던 경험 말이에요."

"어릴 적에 홀로 남겨져 살았어요. 아버지와 계모, 계모의 아이들은 다른 곳으로 가버렸죠. 당시 저는 외톨이가 된 기분이었어요. 우리는 서로 연락이 뜸했거든요. 그러다 어느 날, 아버지가 새 가족과 함께 올 테니 함께 식사하자고 했어요. 그 말을 듣고 얼마나 기뻤는지 몰라요. 그날 아무것도 먹지 않고 주린 배를 안고 겨우겨우 참아가며 기다렸어요."

"그 다음은요? 그들이 안 왔나요?"

"저녁 늦게야 왔어요. 저녁 식사를 하고 왔더라고요. 저라는 존재는 까마득하게 잊고 말이에요. 오히려 저보고 어쩜 그렇게 멍청하냐고, 시간이 이렇게 늦었는데 왜 저녁을 먹지 않았냐고 혼을 냈어요."

샤오주의 얼굴에는 억울한 표정이 역력했다. 곧이어 그는 눈물을 왈칵 쏟았다.

"당시 어린 샤오주 씨가 얼마나 상심했을지 이해가 돼요. 배고파도 아버지와 함께 식사할 시간을 고대하고 있었을 텐데 아버지는 약속을 잊었으니 얼마나 속상했겠어요."

"맞아요. 당시 제가 느꼈던 감정을 영원히 잊을 수 없어요. 그때 저는 제가 세상에서 가장 멍청한 놈이라고 생각했어요. 그때부터 누군가를 기다리는 걸 가장 싫어해요. 그 후 어떤 약속에도 제시간에 간 적이 없어요. 일부러 늦게 갔죠. 기다렸다가 오지 않을까봐 두렵기 때문에 기다리는 걸 싫어해요."

"당시 결심한 건 이뿐만이 아니었을 거예요. 당시 샤오주 씨는 '다시는 노력하지 않을 거야. 얻을 수 있다는 보장이 없으면 나는 더 이상 노력하지 않겠어'라는 마음까지 갖기 시작했죠."

샤오주는 마침내 자신을 이해해나갔다.

"그래요. 어릴 적 더 이상 사람을 기다리지 않을 거라고 결심한 후 항상 지각하는 삶을 살아왔어요."

"당시 어린 샤오주 씨는 사람을 기다리는 아픔을 받아들이지 못했어요. 지금은 받아들일 수 있나요?"

"지금은 할 수 있어요. 다시는 지각하지 않을 거예요. 지금은 사람을 기다릴 수 있으니까요."

새로운 각오를 다지는 샤오주를 보니 기뻤다.

"좋아요. 아주 잘 생각했어요!"

"어릴 적 노력해도 얻을 수 없는 것이 있다는 사실을 알고는 불확실한 것은 아예 시도하지 않았어요. 하지만 지금은 불확실한 것도 받아들일 수 있어요. 이제는 결과가 어떻더라도 노력해서 얻어낼 거예요. 지금은 실패를 받아들이는 능력이 생겼으니까요. 온 힘을 다 기울여도 실패할 수 있어요. 아무런 성과를 얻지 못하더라도 이제는 두렵지 않아요."

나는 미소 띤 얼굴로 그에게 말했다.

"그래요. 절대 두려워할 일이 아니에요. 늘 샤오주 씨를 응원할게요!"

샤오주의 그림

- **나무의 뾰족한 부분** : 분열적 성향
- **꽉 닫힌 문, 창이 없음** : 외적으로는 활기차 보이지만 상당히 자폐적 성향

- **성냥개비 사람** : 방어적
- **뾰족한 나무 줄기** : 공격성
- **지평선** : 불안감, 의존 욕구

제7장

거리두기가 필요한 고부갈등

고부관계는 중국에서 수천 년 동안 해결하지 못한 문제다. 옛말에 '며느리도 참고 견디면 시어머니가 된다.'는 말이 있다. 연애할 때 여자들이 흔히 물어보는 말이 있다. "자기 어머니랑 내가 동시에 물에 빠지면 누구를 먼저 구할 거야?" 나와 알렉스는 이 문제로 가끔 토론을 벌인다.

결혼 전 "당신과 어머니를 같이 데리고 물가에 절대 가지 않을 거야."라고 답하던 남편이 결혼 후에는 "어서 수영을 배워."라고 한다. 어떻게 말하든 남편은 고부간의 문제에는 확실히 고수다. 나 역시 이 문제에 대한 나만의 가치관이 있다. 치아와 혀는 서로 맞부딪히면 상처를 주는 법, 고부간 갈등을 해결하는 최선의 방법은 며느리와 시어머니 사이에 안전거리를 유지하는 것이다.

안전거리는 미국의 한 심리학자가 제기한 이론이다. 그는 사람과 사람 사이에는 일정한 거리가 필요하며 이 거리를 넘어버리면 사람은 불안해한다고 한다. 이와 같은 안전거리는 서로 익숙한 정도에 따라 친밀한 접촉, 개인적인 거리, 예의를 차리는 거리와 일반 거리로 나뉜다.

여기서 말하는 고부간의 안전거리는 이와는 달리 두 여자가 낯선 사이에서 친해지는 과정을 의미하며 어느 정도의 거리에서 두 사람이 친밀하면서도 개인적인 공간을 유지하는가가 관건이다. 이것은 명확하게 숫자로 나타낼 수 없으며 살면서 천천히 맞춰가야 가능하다.

엄마 같은 시어머니는 없어

친한 내 친구 샤오원은 내 생각에 동의하지 않았다.

"우리 시어머니는 내게 얼마나 잘해 주시는데. 식사 준비도 도와주시고 과일도 손수 깎아서 갖다 주신다니까. 이보다 더 잘해줄 시어머니는 어디에도 없다니까."

"서로 다른 환경에서 살아온 사람이 함께 사는 거 쉬운 일 아니야. 시어머니 너무 스트레스 안 받으시게 조심해. 언제 한꺼번에 폭발할지 몰라."

모임에서 샤오원이 하는 말을 들을 때마다 우리는 조언했지만, 그때도 우리말을 귀담아 듣지 않았다.

"걱정 마. 시어머니도 남편같이 길들이기 나름이야. 난 잘 하고 있으니까 걱정 붙들어 매. 지금 막 결혼한 언니하고 동생들한테도 노하우 전수 중이야."

나와 샤오원은 고부갈등에 관한 서로 다른 시각으로 한참 동안 설전을 치렀다. 그러던 어느 날 우리는 그 문제에 대해 더 이상 이야기하지 않기로 했다. 그러고 며칠이 지났을까, 밤 10시가 넘은 시각, 샤오원으로부터 전화가 왔다.

"나 시댁 식구들과 말다툼 끝에 가출했어. 잠시 만날 수 있을까?"

샤오원은 누구보다 체면을 차리는 사람이라 남에게 자신의 힘든 점을 내색하지 않는다. 도저히 해결방법을 찾지 못할 때에라야 힘들다고 도움을 요청하는 친구다.

그런 친구에게서 늦은 밤에 만나고 싶다는 연락을 받았으니 얼마나 걱정이 되는지 몰랐다. 샤오원은 호들갑을 잘 떨고 자기중심적일 때가 있지만 마음이 착한 친구라 시부모를 위한 선물을 꼬박꼬박 챙기며 효도를 하려고 노력했다. 그런 샤오원이 시댁 식구와 다툰 원인이 무엇일까? 도대체 얼마나 다퉜기에 집을 나왔을까? 나는 궁금해졌다.

급하게 약속장소로 가니 샤오원이 나를 기다리고 있었다. 그녀 옆에는 눈물을 닦은 휴지가 잔뜩 쌓여 있었다. 주변에 서 있던 음식점 직원이 난처해 했다. 샤오원은 주변 사람들은 아랑곳하지도 않고 펑펑 운 게 분명했다.

"왜 이제야 왔어. 내가 얼마나 힘들었는데"

그녀는 또 다시 울기 시작했다. 고장 난 수도꼭지에서 물이 흐르듯 눈물이 하염없이 쏟아졌다.

"샤오원, 이제 그만하면 됐어. 그만 울고 무슨 일이 일어났는지 말해봐. 전화로는 무슨 일인지 모르겠더라. 어떻게 된 거야? 도대체 무슨 일로 싸웠어? 집은 왜 나온 거니?"

내 입에서 질문이 쉴 새 없이 터져 나왔고, 샤오원은 서러움이 뚝뚝 묻어나는 목소리로 말했다. 말 하는 사이에도 샤오원은 울음을 멈추지 않았다.

"시어머니와 다퉜어! 나보고 아무것도 안 한대. 내가 꼴 보기 싫었나봐. 아이도 낳지 않으면서 하는 게 뭐 있냐고 하더라. 뒷마당 닭도 알을 낳는데 나는 아이 낳을 생각을 안 한다나 뭐라나!"

"그건 말이 좀 심했다."

샤오원은 휴지를 한 움큼 집어 눈물을 닦더니 울음 섞인 목소리로 억울한 마음을 토로했다.

"그치? 어떻게 나에게 그런 말을 할 수 있니? 아이는 내가 결정할 수 있는 일이 아니란 말이야. 나도 얼마나 스트레스가 많은데. 매일 몸 만들려고 한약 먹는 게 쉬운 일인 줄 알아! 아이를 원하는 게 왜 이렇게 어려운 거니?"

시어머니가 아이 문제를 언급하자 샤오원은 몹시 억울한 모양이었다. 나는 샤오원의 말을 듣고 물었다.

"남편은? 시어머니랑 다툴 때 남편은 자리에 없었니?"

"있으면 뭐하니? 내 편은 안 들고 그만 다투라는 말만 하더라."

남편 얘기를 끝내기도 전에 샤오원은 울먹거렸다. 샤오원의 남편은 나도 잘 안다. 샤오원이 욱하는 성격인 것과 달리 그녀의 남편은 온순했다. 두 사람이 평소에 서로 마찰 없이 사는 데 일등공신은 성격이 느긋한 남편이라고 말할 수 있을 정도로. 나는 이어서 물었다.

"자기 어머니가 아이 문제로 아내에게 뭐라고 하는데 너를 감싸주지 않았다고?"

사건의 진상이 어떻든 간에 이런 부담을 느끼면 남자는 어깨가 더 무거워진다.

"남편도 시어머니랑 다툰 것 같아. 시어머니가 아이 문제로 뭐라고 할 때 내가 문을 박차고 나와 버려서 두 사람이 뭐라고 말하며 다퉜는지는 몰라."

나는 샤오원의 일에 관심을 보이며 말했다.

"예전에는 시어머니가 잘해줬잖니. 1년이 넘는 동안 별다른 갈등 없이 잘 지냈는데 오늘 어쩌다 이렇게 심하게 다툰 거야? 단지 아이 문제 때문이니?"

"솔직히 말하면 그것 때문만은 아니야. 시어머니는 내가 샤워하고 속옷도 빨지 않는대. 남편보고 빨라고 하는 게 더는 눈 뜨고 볼 수가 없었나봐. 하지만 이건 나와 남편 사이의 문제라고. 시어머니가 참견할 문제가 아니잖니? 안 그래? 내가 남편 속옷을 빠는 건 보고도 못 본 척하고는 말이야."

"세대가 다르면 보는 관점이 다를 수 있어. 같이 살다보면 마찰을 피할 수도 없고. 남편은 네가 어디에 있는지 아니? 걱정하지 않을까?"

"몰라. 남편 전화는 받기도 싫어."

나는 얼른 그녀의 남편에게 전화를 해 샤오원은 나와 함께 있으니 걱정하지 말라고 했다. 샤오원의 남편은 자기 아내가 사라지자 미친 듯이 찾고 있었던 것 같았다. 집안이 쑥대밭이 된 게 틀림없었다.

"시어머니는 정상이 아니야. 어떤 때는 잘해주다 어떤 때는 시시콜

콜 따지고 들 때가 있어! 더 이상은 이렇게 못 살아. 내 개인 공간이 전혀 없단 말이야!"

친한 친구가 고부갈등으로 울며불며 상심해하는데 나는 오히려 웃음이 나오려고 했다. 친구의 고통을 고소하게 생각해서가 결코 아니었다. 샤오원을 너무나도 잘 알고 있기 때문이었다. 그녀는 고집 세고 제 맘대로 할 때가 많았다. 오늘 그녀가 나에게 털어놓은 일들은 내가 예전에 그녀에게 했던 말들이었다. 샤오원이 분했는지 씩씩거렸다.

"나는 박복도 하지. 안 그러니? 시어머니는 나한테 자주 이러셔. 내가 알아서 할 테니 집안일을 하지 말라고 해놓고 나중에 어떻게 그럴 수 있냐며 나보고 게으르다는 거야. 세상에 이런 시어머니가 또 있을까?"

"시어머니를 받아들여야지 별 수 있니? 한평생 그렇게 사신 분이잖아. 무슨 힘으로 바꿀 수 있겠어? 게다가 네게 시어머니를 바꿀 권리도 없잖니?"

"시어머니가 이런 사람이란 걸 받아들이고 살라고?"

"그래. 평생 그렇게 사신 분이야. 그러니 네가 받아들일 수밖에. 시어머니를 바꾸는 건 미션 임파서블이라고. 안 그래?"

나는 미소 띤 얼굴로 덧붙여 말했다.

"결국 너만 힘들어질 뿐이야. 사람을 받아들이는 게 쉬운 일은 아니지만 말이야. 시어머니를 받아들이기 전에 자신이 어떤 사람인지 알고 네 자신부터 받아들이는 건 어떨까?"

방관자의 입장에서 봤을 때 두 사람의 싸움에서 한쪽만 잘못하는 일은 없다. 샤오원 자신에게 어떤 문제가 있는지 먼저 알아보고 받아들이도록 하는 일이 우선이었다.

"우리 오랫동안 못 봤으니 다른 이야기를 하자. 어차피 일은 일어났잖니. 아무리 시어머니를 탓해도 결국 바꿀 수는 없어. 안 그래?"

샤오원은 나를 바라보고는 말했다.

"무슨 이야기를 할까?"

샤오원도 더 이상 시어머니와 관련된 이야기를 이어가기가 창피한 모양이었다.

사람 간에 거리두기는 필요해

"최근에 연구하는 게 있는데 HTP 검사라고 해. 관심 있으면 같이 해볼래?"

샤오원에게 검사 방법을 알려주자 그녀는 흥미를 보였다.

"이거 정확한 거야?"

나는 대답 대신 종이와 펜을 꺼냈다. 샤오원은 30분 동안 열심히 그림을 그렸다. 그림을 그리는 동안 그녀는 조금씩 진정됐다.

그녀의 그림은 매우 상세하게 묘사한 점이 가장 큰 특징이었다. 이는 일상생활을 현실적이고 구체적으로 의식한다는 의미이며 자아처리능력에 매우 관심이 많다는 뜻이다.

"어서 빨리 말해 봐. 여기서 뭘 알 수 있니?"

"전통 가옥을 그렸구나. 이건 자아가 강하다는 의미야. 벽이 아주 견고하네. 철옹성 같은 벽을 보니 자아의식도 강하고 저항력과 외부

공격을 방어하는 능력을 갖췄어. 자아보호능력이 강해. 담장이 선명한 건 가정 관념이 분명하다는 뜻이야. 벽 주변에 꽃과 풀이 난 건 특정인들을 암시해."

샤오원이 내 말을 듣고 바로 반응을 보였다.

"이거 정말 족집게구나! 나는 방어하려는 심리가 강해. 누구도 나에게 상처 주는 걸 원치 않아!"

나는 이어서 나무로 화제를 돌렸다.

"나무를 굉장히 크게 그렸구나. 나무는 자아를 의미하는데 그림을 보니 너는 자아를 그 무엇보다 가장 중요하게 여겨."

샤오원은 자아가 강한 사람이라 다른 사람의 감정을 잘 느끼지 못한다. 이 점을 그녀가 의식하는지는 모르겠지만.

"더 얘기해봐."

샤오원은 검사 결과가 정확하다고 생각했는지 나에게 계속해서 알려달라고 재촉했다.

"나무 위에 수묵화처럼 그린 부분은 꽃이니?"

"아니. 새로 난 싹이야. 녹색 펜이 없어서 이 색으로 표현했어."

나는 웃는 얼굴로 말했다.

"나무 위에 새로 싹이 난 건 외적 상처를 받아도 무의식적으로 다시 노력하고 최선을 다해 회복하려는 의지를 의미해."

나는 이어서 샤오원을 칭찬했다.

"아주 좋은 성격이야. 역시 넌 용감하고 강인해!"

"사실이 그래. 나는 회복력이 뛰어난 사람이야."

나는 나무줄기를 가리키며 샤오원에게 말했다.

"그런데 말이지, 그림에 나무줄기가 강조됐어. 여기서 감정적으로 성숙하지 못하다는 것을 알 수 있어. 아직 성숙되지 않았기 때문에 감정절제를 해야 한다는 말이야."

조금 전보다 침착해진 샤오원이 말했다.

"그래. 오늘 충동적이긴 했어. 시어머니가 평소에 잘해준 걸 생각한다면 오늘 나에게 몇 마디 한 건 그냥 무시하고 넘어가도 됐는데. 그랬으면 이렇게 일이 커지지 않았을 거야."

"시어머니와 다툰 것은 그만한 이유가 있기 때문에 일어난 거야. 그림을 보면 원인이 하나 있어. 아래를 봐봐. 굵고 튼튼한 나무줄기는 적극적이고 활발한 사람을 뜻하지만 공격적인 성향도 있어."

나는 나무줄기를 가리키며 말을 이었다.

"게다가 나무줄기를 왼쪽에서 오른쪽으로 검게 칠한 건 자아보호가 강하다는 걸 보여줘."

"그래서 누군가 나를 공격하면 나도 방어적이고 공격적으로 바뀌는 거구나."

"다른 사람이 너를 공격할 때만 그런 게 아니야. 네 자신도 공격성이 강해. 평소에는 억압되어 있지만 외부에서 자극을 받으면 공격성이 폭발하듯 나와."

샤오원이 반박하며 말했다.

"내가 남을 공격한다고? 나 그런 사람 아니야!"

"무성한 잎이 감추고는 있지만 나무를 보면 공격성이 강해. 뾰족하게 밖으로 나온 나뭇가지에서도 네 마음속에 숨겨진 공격성이 보여. 이런 공격성은 폭력으로 직접 드러나지는 않아. 언어나 감정적으로 드러나기도 한다는 말이야. 최근 스트레스가 많니?"

"남편과 임신 준비를 하고 있어."

딩크족을 표방하던 샤오원이 이런 말을 할 줄은 생각도 못했다.

"시어머니는 매일 우리에게 얼른 아이를 낳아야 한다고 재촉하셔. 시어머니 등쌀에 못 이겨 아이를 낳아야 할 거면 얼른 아이를 낳자고 남편과 결론을 내렸어. 그게 내 건강에도, 아이에게도 좋으니까."

"다 때가 있는 법이니 아이를 낳아야 할 때는 낳아야지. 그게 행복이기도 하잖니. 그런데 너희 부부가 아이를 갖기 위해 준비를 시작했으면 시어머니는 좋아하셔야 되는 거 아니야?"

나는 이해되지 않는 부분을 물었다. 내 물음에 샤오원이 자기 생각을 솔직하게 털어놓았다.

"나도 모르겠어. 우리 부부가 임신 준비한 지 6개월이나 지났지만 아무런 소식이 없어! 그래서 스트레스가 점점 더 커지기만 해. 병원에 가서 검사도 받아봤어. 의사 말로 우리 둘 다 아무 문제가 없대. 그러니 답답할 뿐이야. 시어머니는 매주 나를 데리고 병원에 데려가 보약을 지어주시는데 써서 마실 수가 없어!"

나는 다시 샤오원에게 그녀가 그린 그림을 보여줬다.

"나무뿌리가 매의 발톱처럼 밖으로 나 있어. 이건 사람을 통제하거나 사물을 통제하고 싶은 욕망을 의미해. 뿌리는 원래 흙속에 깊이 뿌리를 내려서 양분을 흡수하는 중요한 부분이야. 그래서 과거의 성장과 최초 성을 의미해. 지금 네가 그린 나무뿌리는 밖으로 나 있어. 이건 자신의 과거를 정리하고 현재의 문제를 해결하려는 의지를 의미해. 너는 나무를 그리고 난 후 지평선을 그렸어. 여기서 볼 때 평소에는 신중하고 진중하게 행동하지만 갑자기 초조하고 불안해지면 어떤 확실한 걸 찾고 싶어 하는 심리가 있어."

샤오원이 내 말에 감탄을 했다.

"정말 잘 맞힌다! 임신은 내가 어떻게 할 수가 없는 일이야. 임신을 준비하기 시작하면서 무언가 통제받는 느낌이 들어. 이게 스트레스가 많은 이유야. 누가 나에게 확실한 보장을 해주면 좋겠어. 올해나 내년에 임신할 수 있도록 말이야."

나는 샤오원이 그린 뿌리 선과 지평선이 서로 이어진 부분을 가리키면서 말했다.

"그것만이 아니야. 샤오원, 너는 가끔 사물을 객관적으로 파악하지 못해. 잎을 보면 네가 그림을 얼마나 세세하게 묘사하기 위해 집중했는지 알 수 있어. 완벽주의 성향이야."

"그래. 나는 요구치가 높아. 그렇다면 이번 다툼은 누구의 잘못도 아니라는 거니?"

"맞아. 너는 자신이 자아중심적인 사람이란 사실을 잘 알고 있어. 맞지? 초조한 마음이 지나치게 커지면 언젠가는 숨겨둔 공격성이 폭발할 거야. 그런 와중에 고부갈등이 수면 위로 올라온 거야. 이것이 바로 내가 누누이 강조하던 거리의 문제야. 서로 각자의 공간이 있다면 최소한 네가 초조해도 다른 사람에게 피해를 주지 않을 거고 다툴 일이 생기지 않아."

"그래. 그랬어야 했어!"

샤오원은 내 말에 동의하며 이번에 일어난 일을 이해하려고 노력했다. 나는 샤오원의 동의를 얻어 그녀의 남편에게 전화를 걸었다. 샤오원을 집으로 데려갈 때가 됐다고 판단했기 때문이다.

"맞다. 아직 분석이 다 안 끝났지?"

샤오원은 그림을 보고 내게 물었다. 그녀의 그림에 나오는 사람은 돌발적인 느낌이 비교적 강했다. 그림에 나온 요소들 중에 사람만 단순하게 그린 것이 눈에 들어왔다.

"그림 속 사람은 자아의 이미지와 가장 가까워. 그래서 대개는 최대한 단순한 방식으로 가볍게 그려. 하지만 너도 단순하게 그렸지만 여기서도 몇 가지 의미를 찾아볼 수 있어. 들어볼래?"

"당연하지. 어떤 의미가 있어?"

나는 궁금해 하는 샤오원에게 분석한 내용을 설명했다.

"사람의 팔다리가 한 개의 선으로 표현됐어. 이것이 가장 큰 특징이야. 이 검사에서 팔은 개체의 자아와 환경, 사물 간의 관계를 의미하고 다리는 인격의 안정성과 성에 대한 태도를 의미해. 이 그림에서 볼 때 자신과 주변 환경과의 관계를 처리하는 능력이 강하다고 볼 수 없어. 게다가 너는 복잡한 인간관계를 어려워 해!"

"그러니까 시어머니와 함께 사는 게 나에게는 맞지 않는다는 거니?"

"그 부분까지는 나도 모르겠어."

나는 이 문제에서 샤오원에게 어떠한 건의를 할 수 없었다. 시어머니와 분가해서 사는 것도 한 가지 방법이기는 했지만 그것은 어디까지나 샤오원과 그녀의 가족이 회의를 열고 결정해야 할 일이었기 때문이다.

"사실 시어머니도 분가를 언급하신 적이 있어. 너희를 챙겨주는 일이 여간 힘든 게 아니다, 힘들게 식사를 준비했는데 안 먹어서 속상하다 등등 불평도 하셨어."

나는 샤오원에게 분석한 내용을 조금 더 설명했다.

"그림 속 사람은 목이 없어. 이건 꽤 큰 특징이야. 목은 몸과 머리를 이어주는 부위기 때문에 이성과 감정의 연결고리라고 할 수 있어. 다른 부위는 모두 그렸는데 목만 안 그렸다는 건 그림 속 사람이 이성과 감정이 서로 연결되어 있지 않아서 융통성이 부족하고 적응력이 떨어진다는 걸 의미해."

샤오원은 내 말을 듣고 잠시 생각에 잠겼다 말을 이었다.

"맞아. 나는 다른 사람의 느낌과 감정을 별로 고려하지 않아."

"너는 아이큐가 높은 것과 달리 감정 조절은 조금 약해. 그림 속 여자아이는 간단하게 그렸지만 머리를 예쁘게 꾸몄어. 이건 뼛속까지 나르시시즘이 강한 사람이라는 뜻이야."

"맞아. 하하하."

샤오원은 자신이 그린 여자아이를 보고는 웃었다. 그녀는 처음으로 내가 누누이 말했던 거리의 문제를 진지하게 생각하기 시작했다. 그러고는 나에게 솔직하게 말했다.

"나는 자아중심적인 사람이야. 모든 사람이 나를 좋아하게 하지 못한다면 내가 할 수 있는 최선은 타인과 거리를 유지하는 거야. 내 말이 맞지?"

"맞아. 누구나 안전거리가 필요해. 이건 누가 이기고 지냐의 문제가 아니야. 예전에 내 남편한테 만약 나와 시어머니 둘 다 물에 빠지면 누구를 먼저 구하겠냐고 물어본 적이 있어. 남편이 뭐라고 대답했는지 아니?"

"네 남편이 뭐라고 대답했어?"

"그 사람 말이, 절대로 나와 시어머니 둘 다 데리고 수영하러 가거나 물가에 가거나 하지 않겠대. 시간을 정해서 집에서 식사 한 끼 같이 하면 됐지 그런 데는 뭐 하러 가냐면서 말이야."

나중에 나는 이 이야기를 샤오원의 남편에게도 들려줬다. 그는 이와 같은 방법에 찬성했다. 3주 후, 나는 샤오원에게 집들이 초대를 받았다.

"시어머니에게 원래 살던 우리 집으로 이사를 가겠다고 말씀드리니까 안도의 한숨을 내쉬시더라고. 도우미 아주머니에게 집안 청소를 맡기려고 해. 시어머니는 고생 안 해서 좋고 나는 도우미 아주머니가 청소해주니 침대에 누워 편히 쉴 수 있어. 이게 바로 일석이조 아니겠니?"

고부갈등은 완전히 해결할 수 없는 영원한 문제다. 다만 문제를 줄일 수 있는 방법이 있으니 서로의 적당한 거리를 유지하는 것이다. 낯선 사람끼리 부대끼고 사는데 아무 문제가 없을 리 없지 않은가. 그렇다고 등지고 살 수 없다면 서로 심적으로 부담을 주지 않을 만큼의 거리를 남겨둬야 한다. 친구가 되느냐, 가족이 되느냐, 원수가 되느냐는 고부간의 거리가 얼마나에 달려있다!

HTP 해석

샤오원의 그림

- **나무 위에 새로 난 싹** : 외적 상처에 회복력이 강함. 용기
- **뾰족한 마뭇가지** : 공격성
- **세세하게 그린 나뭇잎** : 완벽주의 성향
- **큰 나무** : 자아를 중요시 함
- **전통 가옥** : 강한 자아
- **철옹성 같은 벽** : 강한 자의식, 강한 저항력

- **나무 줄기 강조** : 성숙되지 않은 감정조절
- **굵고 튼튼한 나무 줄기** : 적극적이고 활발하지만, 공격적 성향 있음
- **왼쪽에서 오른쪽으로 검게 칠한 나무줄기** : 강한 자아보호
- **매의 발톱처럼 밖으로 나온 뿌리** : 사람이나 사물을 통제하고 싶어 함
- **벽 주변의 꽃과 풀** : 특정인 암시
- **한 개의 선으로 표현된 팔다리** : 자신과 주변 환경과의 관계를 처리하는 능력이 강함, 복잡한 인간관계를 어려워 함
- **간단하지만 예쁘게 꾸민 머리** : 강한 나르시시즘

제8장

• • •

진급을 가로막는 버럭 성질

장 선생은 미국투자회사의 임원이다. 그가 우리 상담소를 찾아왔을 때 처음 던진 질문은 이랬다.

"제가 어떤 사람인 것 같아요?"

"글쎄요. 제가 보기에는 온화하신 분 같은데요."

내 말에 장 선생은 살짝 이를 드러내며 미소를 지어 보였다.

"사람들은 제가 온화해 보인다고 해요. 별 일이 생기지 않았을 때는요. 하지만 문제가 생기면 제 자신도 낯설어할 만큼 전혀 다른 사람이 돼버려요."

당시 우리 상담소는 장 선생의 회사에서 그룹 활동을 했다. 이 활동을 통해 직원들은 자신을 되돌아볼 수 있었다고 했다. 그런데 당시 상담 팀을 나눌 때 보니 직원 대부분이 장 선생이 속한 조를 피하려고 했다. 장 선생과 직접 이야기를 몇 번 나누면서 그 이유를 알았다.

그는 남을 불편하게 하는 말을 자주 했다. 그래서인지 꽤 높은 자리에 있고 10년 이상이나 회사에 몸담고 있었지만 인간관계는 그다지 좋아 보이지 않았다. 세 번째로 상담소를 찾았을 때, 장 선생이 나에게 고민을 털어놓았다.

문제에 부딪히면 드러나는 내면 속의 화

"제 성질 때문에 승진에 문제가 있었어요. 저 좀 도와주세요. 제 마음 속에 있는 알 수 없는 화를 어떻게 통제해야 할지 모르겠어요."

장 선생은 평소 겉으로는 드러내지 않지만 문제에 부딪히면 감정적으로 변했다. 그래서 당시 장 선생과의 상담 건은 막다른 길을 만난 것 같은 막막함으로 다가왔다. 상담을 할 때 주의할 점이 한 가지 있다.

그것은 바로 상담의 주도권을 상담사가 쥐지 않으면 성공적인 상담을 할 수 없다는 것이다. 그래서 네 번째 상담을 시작하자마자 나는 장 선생에게 종이에 집, 나무, 사람을 그리게 한 후 함께 이야기를 나눴다. 나는 예의를 갖춰 물었다.

"장 선생님, 이 그림을 놓고 함께 이야기해도 괜찮을까요?"

"그럼요. 당연히 괜찮죠."

그는 흔쾌히 받아들였다. 나는 바로 문이 없는 집을 가리키면서 물었다.

"이 그림에서 몇 가지 의미를 찾을 수 있어요. 예를 들어 집에 문이 없어요. 작은 문 하나가 전부인데 창처럼 보이는군요. 어떻게 생각하세요?"

"문을 깜빡하고 안 그렸군요."

장 선생은 문을 그리지 않은 사실을 그 순간 깨달은 모양이다.

"심리학에서 볼 때, 집에 문이 없다는 건 자신을 꼭 닫았다는 걸 의미해요."

나는 그동안 장 선생에게서 받은 느낌을 피드백하면서 이야기를 이어갔다.

"세 번에 걸쳐 장 선생님과 상담하면서 이런 느낌이 들었어요. 선생님은 말을 많이 하는 편이지만 내재된 감정과는 아무 관련이 없는 말이었어요. 내적인 감정이나 느낌을 이야기 할 때가 되면 장 선생님은 늘 회피하고 화제를 돌리더군요."

장 선생이 내 말에 해명했다.

"이런 말을 하는 게 익숙하지 않아서 그래요."

나는 장 선생의 말을 참고해서 말했다.

"이것과 관련해서 해석한 내용을 알려드릴게요. 이제부터 제가 분석한 내용에 관해 함께 이야기를 나눠요. 문이 없다는 건 폐쇄적이라는 의미 외에도 가족구성원 간에 정신적인 교류가 부족하거나 감정적으로 냉담하다는 걸 의미할 수 있어요. 자신에게 냉담하고 위축되어 있으며 격리된 것 같다는 느낌도 암시하죠. 가정 내에 사적인 비밀이 있을 경우에도 집에 문을 그리지 않아요."

나는 이어서 다른 요소로 이야기의 화제를 돌렸다.

"지붕 왼쪽 굴뚝에서 연기가 나는 걸로 봐서 장 선생님은 에너지가 넘치고 지배성도 강하며 건강하고 성적 욕구도 있어요."

장 선생의 안색에 변화가 있는 걸로 봐서 여기에 문제가 있다고 판단됐지만 어떻게 물어봐야할지 몰라 잠시 고민하다 이어서 말했다.

"연기를 선 하나로 표현했어요. 이것은 가족 간의 따뜻한 관심이 부족할 경우 흔히 볼 수 있는 그림이에요. 전체 그림에서 보면 지면의 선을 강조했군요. 안전감이 결여될 경우 나타나는 특징이죠. 나무는 참 흥미롭군요. 수관 밖으로 가시처럼 난 이것은 뭐죠?"

"가지예요. 가지가 수관에 전부 덮여서 밖으로 삐져나왔어요."

"제 추측으로 보자면, 이것은 공격적인 나무예요. 나뭇가지가 수관 밖으로 뾰족하게 나왔다는 건 마음속에 공격성을 숨겼다는 의미예요. 직접 폭력성을 표현하지 않더라도 언어나 감정적으로 공격성이 표출되기도 해요. 그 원인은 자기 능력과 목표 사이의 격차를 확실하게 알지 못하기 때문일 수 있어요."

억압된 욕망의 표출, 공격성

나는 이 말을 하고는 잠시 생각에 잠겼다가 곧바로 장 선생에게 물었다.

"장 선생님, 현재 하는 일에 만족하지 않나요? 더 높은 자리로 올라가고 싶지만 짧은 시간 내에 성과를 낼 수 없어서 매우 초조해한 것처럼 보여요."

"맞아요. 제 성질 때문에 승진이 어렵다고 생각해요. 저는 기술이 있는 사람이라 어디서든 밥은 먹고 살 수 있다고 생각했어요. 그러니 아부 따위는 필요 없었죠. 그런데 지금 보니 잘못된 생각이었어요. 저와 함께 입사한 사람들 중에 저만 기술직이고 나머지는 관리직에 있어요. 그런데 저는 제 성질을 절제하지 못해서 일을 어렵게 만들 때가 많아요. 이유 없이 화가 막 끓어올라요."

그는 잠시 한숨을 내쉬고는 말을 이었다.

"방금 하신 말씀 중에 맞는 것도 있지만 틀린 것도 있어요. 예전에는 성욕이 왕성했죠. 하지만 5년 전 신장 기능이 좋지 않다는 검사 결과를 받은 후로 성욕을 줄이면서 살고 있어요."

장 선생은 자기 개인적인 비밀까지 모두 털어놓았다. 그에게 이 말들은 그다지 하기 어려운 말이 아닌 것 같았다.

"그렇다면 그림에서 왜 공격성이 보였는지 그 이유를 설명할 수 있겠군요. 억압된 욕망이 사라지지 않고 에너지가 되어 몸 안을 돌고 있어요. 그 욕망을 밖으로 분출하기 위해서 공격성을 보이게 되는 거죠."

"그럴 거예요."

"그림 속 여자는 누구죠?"

"딸이에요."

"지금 몇 살인가요?"

"올해 13살이에요. 그림 속 딸아이는 6, 7살 때 모습이고요."

"이 아이의 눈에 눈동자가 없어요. 장 선생님은 내향적이군요. 자아에 집중할 뿐 환경과 외적인 사물에는 전혀 관심이 없어요. 손과 다리가 없는 건 행동력이 약하다는 걸 의미해요. 아마도 장 선생님은 어떤 문제들을 이해하거나 의식했을 거예요. 예를 들어, 화 때문에 직장에서 진급에 밀렸다는 걸 알고 있어요. 그런 자신을 고치고 싶지만 실천이 어렵군요."

"맞아요. 오늘 검사를 통해 저의 두 가지 중요한 문제를 알았어요. 첫째는 폐쇄적인 자아와 공격성이에요. 공격성을 잘 해소하면 화를 절제할 수 있을 거예요. 그렇죠? 두 번째 문제는 감정을 조절하지 못하는 성격이에요. 제 말이 맞나요?"

"그래요. 그것이 바로 우리가 함께 긍정적으로 바꿔야 할 숙제예요."

장 선생은 의외로 순순히 자신의 문제를 인정하고 자신을 변화시키려 의욕적인 모습을 보였다. 이번에도 HTP 검사는 한 사람을 변화시키는 계기를 만들어준 훌륭한 도구였다.

상담사의 일방적인 설명과 해결방안의 제시가 HTP 검사의 목적이 아니다. 내담자의 마음 속 이야기를 끄집어내고 내담자 스스로가 마음 속 깊은 곳에 감춰 두었던 상처를 치유하게 하는 것이 바로 HTP 검사의 목적인 것이다.

장선생의 그림

- 지붕 왼쪽 굴뚝 : 에너지 넘침, 강한 지배성, 건강한 성적 욕구
- 선 하나로 표현된 연기 : 가족 간 따뜻한 관심 부족

- 수관 밖으로 삐져나온 나뭇가지 : 공격성, 자기 능력과 목표 사이의 격차 불확실

- 지평선 강조 : 안전감 결여

- 문이 없는 집 : 자기 폐쇄, 가족 구성원간 정신적인 교류 부족, 냉담, 가정 내의 사적인 비밀

- 눈동자 없는 아이 : 내향적, 자아에 집중, 외적 환경과 사물에 관심이 없음
- 손과 다리가 없음 : 약한 행동력

제9장

두 번의 파혼,
예비신부의 불안

내 친구 메이는 웨딩드레스 디자이너다. 그녀는 자신이 이 일을 좋아하는 이유로 행복한 커플을 만난다는 걸 꼽았다. 예비 신부들은 웨딩드레스를 고를 때 가장 행복해한다. 메이는 그런 신부의 행복을 지키고 싶다는 신념을 끝까지 이어나가기 위해 작지만 웨딩드레스 숍을 7년 동안 운영하고 있다. 최근 메이가 상담소로 나를 찾아와 생각지도 못한 부탁을 했다. 나는 약간 의외였다. 메이는 어지간해서 나에게 도움을 요청하지 않는 친구다. 그런데 오늘 자신의 고객을 위해 도움을 요청하러 온 것이다.

"나보고 네 숍의 고객인 신부의 결혼 전 불안감을 치료해달라고? 나를 찾아온 이유가 이거였구나."

"그래. 고객 중에 한 명이 다음 달에 결혼하는데 최근 컨디션이 좋지 않아서 결혼식을 제대로 할 수 있을지 걱정하고 있어."

메이는 예비 신부에게 여러 번 위안이 되는 말을 했지만 아무 소용이 없었다고 한다. 메이는 고객의 간단한 정보를 나에게 알려줬다.

"신부 이름은 제시고 올해 28살이야. 부동산 회사에서 기획을 담당하고 있어. 그런데 중이 제 머리는 못 깎는다고 본인 결혼식은 아무것도 못할 정도로 스트레스가 큰가봐."

스트레스가 심한 결혼 준비

시간적인 제약 때문에 나는 제시가 집, 나무, 사람을 그려서 가져오게 하라고 메이에게 부탁했다. 제시와 처음 만난 날, 메이의 숍은 때마침 손님이 없어서 한적했다. 제시는 처음부터 방어적인 태도를 보이면서 나에게 물었다.

"메이 씨의 말로는 정신과 의사라고 하던데요?"

"의사는 아니에요. 대개 의사는 병원에서 환자를 진료하지만 저희는 주로 학교나 사회단체에서 활동하죠. 활동 장소는 다르지만 정신과 의사와 마찬가지로 심리와 관련된 일에 종사하고 있어요."

"상담료가 상당히 비싸다고 들었어요. 심리 상담으로 치료가 될까 하는 생각도 들고요."

제시 역시 심리상담사에 대한 고정관념이 있었다. 나는 우선 제시에게 우호적인 인상을 줘야 한다고 생각했다.

"상담료가 저렴하지는 않아요. 하지만 안심하세요. 이번 상담은 무료로 해드릴게요. 메이 씨는 제 십년지기거든요. 그녀의 요청대로 오늘은 제시 씨와 이야기를 나눌 거예요. 그러니 저를 심리상담사로 생각하지 마시고 친구로 여겨주세요."

"굳이 심리 상담을 받을 필요가 있을까 싶지만 저 역시 메이 씨의 친구니까 우리 같이 즐거운 시간을 보내요."

제시는 내가 요구한대로 집, 나무, 사람을 그린 그림을 주고는 말했다.

"메이 씨가 이 그림을 그려오라고 하더군요. 심리 상담에 필요한 건가 생각했어요. 이런 심리 테스트는 인터넷에서도 할 수 있을 텐데요."

"그래요? 인터넷에서 뭐라고 풀이하던가요?"

제시는 인터넷에서 본 분석 내용을 간략하게 말했다.

"HTP 검사는 그림으로 사람의 심리를 알 수 있는 방법이래요. 집과 나무 그림에 자신을 나타내는 의미가 담겨 있다고 하더군요. 맞나요?"

나는 제시의 태도에 호기심이 생겼다. 그녀의 시크한 모습이 인상적이었다. 그래서일까. 그녀가 정말 관심이 없는 건지 관심이 없는 척하는 건지 알 수가 없었다.

"오늘 제가 그린 이 그림을 분석하실 건가요?"

"네. 그럼 지금 시작해볼까요?"

나는 제시와 친해지는 작은 팁을 하나 발견했다. 그녀는 대화를 나눌 때 주도권이 자신에게 있어야 했다. 아마도 공격적으로 일하는 그녀의 업무 스타일과 관련이 있으리라. 이야기를 나누는 동안 그녀에게 분위기를 이끌도록 기회를 주면 우리의 대화가 훨씬 순조롭게 이어지겠다 싶었다.

"좋아요. 시작하죠."

제시의 그림을 보고 느낀 첫인상을 먼저 말하자면, 제시는 상당히 귀여운 사람이라는 것을 알 수 있었다. 그녀를 만났을 때 느꼈던 강한 인상은 순전히 그녀의 겉모습과 그녀가 하는 일 때문에 풍기는 것이었다. 아마도 이러한 이유로 나는 그녀에게서 모순적인 느낌을 받았나보다. 나는 제시에게 물었다.

"우선 나무를 먼저 봐요. 사과나무인가요?"

제시가 웃는 얼굴로 말했다.

"네. 사과가 가득 열린 사과나무예요."

"사과나무는 일반적으로 의존감이 강한 사람을 의미해요. 타인의 사랑과 관심, 인정을 받고 싶은 마음이 크죠."

나는 여기까지 말하고 잠시 말을 멈췄다. 제시의 반응을 살펴보기 위해서였다. 그녀가 내 말에 거부하는 의견을 내놓을 거라 생각했는데 뜻밖에도 그녀는 아무 말도 하지 않았다. 나는 그녀의 반응을 살

피고 다시 이어서 말했다.

"그런데 제시 씨가 그린 사과나무에는 사과가 네 개 열렸군요. 많지도 적지도 않아요. 열매는 보통 목표나 과거의 자기 성과를 향한 인정을 의미해요."

제시는 귀를 쫑긋 세우고 내 말을 열심히 들었다. 그녀는 내 말을 끊고 끼어들 마음이 없어 보였기 때문에 뜸을 들이지 않고 이어서 분석한 내용을 알려줬다.

"나뭇가지가 하늘로 뾰족하게 솟아있는 걸 보니 내면의 충돌이 있어요. 공격적인 성향을 갖고 있고요. 자아상과 자신을 향한 태도를 보면 내적으로 균형을 이룬 상태예요. 나무는 개체의 생명이 성장하는 과정을 의미해요. 그리고 과거 개인이 받은 상처나 힘들었던 일들이 나무줄기에 드러나요."

제시가 내 말을 듣고 물었다.

"지금까지 한 말을 종합해보면 저는 내적으로 의존성이 강한 사람이군요. 외적으로 강해보이는 것과 달리 말이죠. 그런가요? 저는 예전에는 업무 성과가 꽤 뛰어났어요. 일에서도 자부심이 강했고요. 하지만 하고 싶은 다른 일도 많아요. 조금 전에 조 씨가 언급하셨던 목표가 너무 많기 때문인지도 모르겠군요."

"하지만 조 씨가 한 말이 어느 부분은 맞아요. 최근에 스트레스가 많아서 불면증에 시달릴 때도 있거든요."

"결혼 준비를 하다보면 스트레스가 얼마나 많이 쌓인다고요."

승진, 결혼, 육아는 즐거운 일인데 왜 스트레스를 받는 걸까? 사람들은 일이 뜻대로 되지 않을 때 스트레스를 받는다고 생각한다. 그러나 실은 자신에게 일어나는 모든 변화에 스트레스가 생긴다. 새로운 환경에 직면했을 때 생기는 스트레스는 미지의 상황에서 자연스럽게 생기는 본능적인 반응이다. 제시가 무언가 생각나는 지 입을 열었다.

"맞아요. 결혼 때문에 얼마나 스트레스를 받는지 몰라요. 예전에 메이 씨에게도 말했지만 이번 결혼이 잘하는 건지 아닌지 모르겠어요. 사람들은 결혼이 행복한 일이라고 하는데 저는 걱정이 너무 많아요."

"결혼은 누구에게나 스트레스를 줘요. 물론 저항력이 강한 사람도 있고 하면 약한 사람도 있어요. 게다가 사람은 저마다 스트레스를 푸는 방법이 달라요. 대화로 푸는 사람이 있는가 하면 말다툼을 하는 사람도 있어요."

"그렇다면 제가 지금 스트레스를 많이 받는 게 지극히 정상적인 거라는 말씀이신가요?"

나는 제시에게 현재 그녀가 받는 스트레스를 말로 털어놓으라고 제안했다. 적절한 때에 예비 신랑과 대화를 하는 건 무엇보다 중요하다. 두 사람은 서로 새로운 삶을 마주하는 상황이기 때문이다.

"그래 볼게요."

결혼은 내가 원한 삶이 아니야

제시는 내 말을 듣고 한숨을 내쉬었다. 그런데 무슨 이유에선지 제시가 나에게 무언가를 숨긴다는 느낌이 들었다.

"제시 씨가 그린 집은 동화 속에 나오는 집 같아요. 제시 씨는 환상을 꿈꾸는 사람이군요. 순진하고 유치한 구석이 있다는 의미예요. 이러한 성격을 남에게 보이고 싶어 하지 않는군요."

나는 말을 마치고 제시를 쳐다봤다. 제시의 표정에서 내 이야기에 흥미를 보이는 감정을 읽을 수 있었다.

"그림 속 집에는 문과 창이 있지만 닫혀 있어요. 이건 완벽하게 개방적인 사람이 아니라 폐쇄적인 면이 있다는 걸 의미해요. 지붕에 기와는 안전감이 결여됐다는 것과 어떤 일에 대해 걱정을 한다는 뜻하죠. 지붕에 굴뚝은 내적으로 긴장하고 스트레스가 있다는 걸 말해줘요. 이러한 스트레스는 인간관계와 가족구성원의 따뜻함을 지나치게 추구할 때 보이는 현상이에요. 둥근 연기는 유치함을 내포하고요."

나는 잠시 말을 멈추고 제시의 생각을 듣고 싶었다. 그러나 그녀는 침묵만 지킬 뿐이었다. 나는 그녀가 말을 할 때까지 기다렸다. 그런 상황이 견디기 어려웠는지 제시가 입을 열었다.

"이 검사가 생각보다 잘 맞는군요. 저에게 유치하다고 말하는 사람은 극히 드물어요. 사실 저는 천진난만하고 유치한 구석이 있어요. 사람들이 그걸 모르게 감출 뿐이에요."

제시는 우울한 표정으로 말을 이었다.

"결혼 날짜가 가까워질수록 귓가에 '이건 네가 원하는 삶이 아니야'라고 하는 소리가 들려요. 알뜰살뜰하게 살아야 할 텐데 그런 생활을 잘 받아들일 수 있을지 모르겠어요."

제시는 처음과 달리 자신의 가면을 벗어버리고 자신의 마음을 조금씩 드러내기 시작했다. 나는 제시에게 미래의 삶을 상상하도록 했다. 그런데 그녀는 뜻밖에도 "모르겠어요."라고 답했다. 나는 대화를 더 이어가기 위해 그림 이야기로 화제를 돌렸다.

"구불구불하게 그린 길이 집의 뒤쪽으로 이어져요. 이건 무엇을 생각하고 그린 건가요?"

제시는 잠시 생각하고는 말했다.

"몰라요. 도망가고 싶은 마음일 거예요. 이 집에서 조금 멀리 떨어진 곳으로요."

"그림 속에 사람이 두 명 있어요. 이 사람들은 누구죠?"

"저와 제 친구예요."

나는 의구심에 다시 물었다.

"친구는 여자죠?"

"네. 일하면서 알게 된 친한 친구예요. 우리는 첫 직장에서부터 지금까지 함께 일하고 있어요. 그런데 친구는 결혼 전날 남자 친구와 헤어졌어요."

나는 그림 속 특별한 요소에 의문을 품고 계속해서 그녀에게 질문을 던졌다.

"왜 그녀를 그렸나요?"

"친구가 저를 찾아와 함께 길을 걷고 있어요. 우리는 아주 즐거웠죠."

나는 제시의 말에 다시 물었다.

"친구와 함께하면 스트레스도 없고 편안한가요?"

"네. 그래요. 저는 현재의 삶에 만족해요. 그래서 변화를 원치 않아요. 사람들 말이 여자는 결혼하면 한 발을 무덤에 넣는 것이고, 아이를 낳으면 나머지 발까지 무덤에 넣는 꼴이 된대요."

"결혼 후의 삶을 어떻게 예상하나요?"

"지금은 친구들을 만나 네일 관리를 받거나 미용실에 가서 수다를 떨면서 머리를 예쁘게 손질할 수도 있어요. 가끔은 휴가를 내서 여행도 갈 수 있는 자유로운 삶을 살고 있지만 결혼하면 못 하잖아요."

제시는 결혼 후 자신의 삶을 상상하고는 울상을 지었다. 내 앞에 앉은 제시는 더 이상 강한 인상을 주는 커리어우먼이 아니었다. 이야기를 나눌수록 그녀는 유치하고 귀여운 모습을 드러냈다. 왜 메이가 나에게 그녀를 도와주라고 했는지 이제야 알 것 같았다. 잠시 후 제시는 생각지도 못한 말을 털어놨다.

두 번의 파혼

"사실 이제까지 두 번이나 파혼했어요. 저는 정상이 아닌가 봐요."

나는 제시가 결혼 때문에 스트레스가 많다고 생각했는데 알고 보니 힘들었던 과거가 있었다.

"파혼했던 이야기를 들려줄 수 있나요?"

제시는 파혼했던 자신의 과거를 자세하게 이야기하기 시작했다.

"대학을 졸업한 후 가족들은 저에게 일찍 결혼하라며 한 남성을 소개했어요. 그는 대기업 직원으로 안정된 직장에 집안 조건도 꽤 괜찮았어요. 교제한 지 1년쯤 지났을 때 양가에서 혼담이 오갔어요. 이후 호텔을 예약하고 결혼업체까지 알아봤어요."

나는 의외라는 생각이 들었다. 두 사람은 집안끼리 결혼하는 그런

류의 결혼을 준비했다.

"그 다음은 어떻게 되었나요?"

제시가 자조 섞인 목소리로 말했다.

"당시 어떤 웨딩드레스를 입느냐를 두고 고민이 많았어요. 아마 그때 메이 씨를 알았다면 결혼식이 깨지는 일은 없었을 거예요. 아이를 낳았다면 지금 많이 컸겠죠."

"어떤 웨딩드레스를 입느냐 하는 문제로 결혼이 성사되지 않았다고요?"

나는 제시의 말을 그대로 따라 물었다.

"네. 예비 신랑과 함께 드레스를 입어보러 웨딩숍에 갔어요. 그런데 그는 저와 예쁜 드레스를 보러 다니는 일을 피곤해하더군요. 이 일로 크게 싸웠어요. 그 후로는 저 혼자 드레스를 알아보러 다녔어요. 숍에서 예쁜 드레스를 입는 순간 갑자기 울고 싶은 충동이 들었어요. 격하게 밀려드는 감정을 억누르지 못했어요. 내가 이런 사람과 결혼해야 하나 싶었거든요."

"지금은 당시의 일들을 어떻게 생각하세요?"

나는 제시가 과거 그 일을 어떻게 생각하는지, 그 일이 지금의 그녀에게 어떤 영향을 주었는지 궁금했다.

"솔직히 말하면 그는 결혼하기 좋은 남자예요. 다만 적절하지 못한 시기에 그를 만났기 때문에 놓쳤어요."

제시는 이어서 두 번째 파혼과 관련된 이야기를 들려줬다.

"두 번째 파혼은 결혼식 전날 일어났어요. 결혼식 사회를 맡기로 한 친구와 만나 결혼식 당일 식순 등을 함께 의논했어요. 그런데 바로 그날 저와 예비 신랑은 사회를 보기로 한 친구 앞에서 대판 싸우고 헤어졌어요."

"어떤 일로 싸웠어요? 혹시 사소한 일로 싸운 건가요?"

"네. 누가 그렇게 사소한 일로 싸우고 헤어질 거라 생각이나 했겠어요? 당시 저에게 뭐가 씌었나 봐요. 그날 예비 신랑이 조금 늦게 도착한 걸로 사람들 앞에서 그에게 면박을 줬어요. 그도 체면이 있는데 말이에요. 그런 이유로 크게 다퉜어요."

"늦게 도착해서 싸웠다고요?"

"네. 이해 못 하겠죠?"

"제가 제시 씨를 충분히 이해한다면요?"

제시는 내 말을 듣고 놀란 표정을 지었다. 나는 이어서 말했다.

"첫 번째 파혼은 예비 신랑이 함께 드레스를 알아보러 다니지 않아 일어났고, 두 번째 파혼은 예비 신랑이 늦게 와서 일어났어요. 겉으로 보면 사소한 일이지만 제시 씨는 받아들이기 힘들었어요. 왜냐하면……."

나는 여기까지 말하고 제시의 얼굴을 쳐다봤다. 그녀는 답을 몹시 알고 싶은 표정이었다.

"왜냐하면 제시 씨는 그에게 시집을 가는 거잖아요. 그런데 상대 남자가 자신을 그만큼 존중하고 소중하게 여기지 않는다고 생각하니 얼마나 속상했겠어요."

"맞아요. 그런 이유였어요. 파혼을 하게 된 사건 자체가 문제인 게 아니에요. 저는 존중받는다는 느낌을 받지 못했어요."

제시도 내 말에 인정했다. 나는 제시가 자신을 어떻게 생각하는지 알려주고 싶었다. 또한 왜 제시가 이번 결혼을 걱정하는지 그 이유도 마침내 알 수 있었다.

"맞아요. 마음이 내키지 않아요. 이번에 결혼할 예비 신랑의 다른 조건은 모두 포기했어요. 그런데 그도 저를 소중하게 여기지 않아요!"

"어떻게 해줘야 소중하게 여기는 건가요? 이야기를 들어주고 당신의 생각에 따라주는 게 소중하게 여기는 건가요?"

"그건 아니에요. 아마도 제가 너무 긴장해서일 거예요. 그러니 사소한 일을 더 크게 만들죠."

나는 웃는 얼굴로 제시에게 물었다.

"그건 아닐 거예요. 앞서 우리가 나눴던 문제로 돌아가 볼까요. 제시 씨는 결혼 후 생활이 어떨 거라 생각했죠?"

"살림을 아껴야 하고 집안일도 해야 해요. 솔직히 저도 잘 모르겠어요."

"이런 결혼 관념은 부모님에게 영향을 받은 건가요?"

제시는 한바탕 웃고는 이어서 말했다.

"그래요. 저는 부모님을 보면서 결혼 관념이 형성됐어요. 제가 생각하고 꿈꾼 게 아니라요. 그러니 결혼을 받아들이기 어렵죠."

"제시 씨는 결혼 생활을 받아들이기 힘들어해요. 그러니 시집을 간다고 생각하죠. 결혼을 하는 것이 마음에 내키지 않는 건 미래 남편과의 결혼 생활에서 두 사람이 불평등한 사이가 되기 때문이에요."

결혼은 낭만적이지 않아

제시는 내가 한 말을 한참 동안이나 생각하고 또 생각했다. 그러고는 나에게 물었다.

"결혼하면 여자가 희생해야 한다고 생각하면 결국에 크고 작은 문제로 예비 신랑과 다투겠죠?"

"제시 씨가 보기에는 어때요?"

나는 제시의 미래와 관련된 문제에 아무것도 답해줄 수 없었다. 제시가 다시 나에게 물었다.

"나도 모르겠어요. 제가 어떻게 해야 할까요?"

"결혼할 분과 함께 두 사람의 미래가 어떠할지 함께 이야기를 나눠보세요. 아마도 결혼 생활이 점점 더 명확해질 거예요. 자신감도 생길 거고요. 알뜰하게 살아야 하는 문제도 두 사람이 지혜롭게 해결해나갈 거예요. 망설이거나 마음이 내키지 않을 때는 왜 지금의 예비 신랑을 선택했는지 곰곰이 생각해보세요. 공통 관심사가 무엇인지 알아가는 것도 두 사람만의 가정을 일구는 근원이 될 거예요."

"가정을 일구는 근원이요?"

제시는 마지막 내 말에 관심을 보였다.

"그래요. 제시 씨는 자신에게 무엇이 진정으로 필요한지 몰랐을 거예요. 그러니 막막할 때는 두 사람이 어떻게 알게 됐고 왜 사귀었는지 그리고 왜 함께 하기로 결심했는지 잘 생각해보세요. 이것들이 두 사람이 일구는 가정을 지탱해줄 거예요. 앞으로 몇 십 년을 사는 동안 여러 가지 문제들을 만나겠지만 가정은 흔들리지 않고 굳건히 설 수 있어요."

"어떻게 그렇게 결혼 생활에 대해 잘 아세요?"

"제가 생각하는 결혼은 낭만적이지 않아요. 서로에게 주어진 책임이자 함께 나누어야 할 숙제죠. 결혼은 두 사람이 한 팀이 되어 함께 살아가는 나날이므로 사소한 일 하나하나 따지면서 살면 안 되겠죠."

나는 알렉스와 사는 결혼 생활이 제시에게 좋은 에너지를 주길 바라면서 이야기를 이어갔다.

"결혼하고 나면 할 수 없다고 생각하는 일들도 사실은 얼마든지 지금처럼 하면서 살 수 있어요. 남편과 대화하면서 풀어 간다면요. 미래의 길은 두 사람이 함께 걸어가야 해요. 그러니 함께 상의하고 해결한다면 결코 외롭지 않을 거예요.

제가 결혼할 때 저희 외할머니께서 저와 제 남편에게 '요즘 사람들은 얼마든지 새 사람을 만날 수 있다고 생각해서 쉽게 결혼하고 쉽게 이혼해. 우리 노인네들은 결혼을 서로의 단점을 채워주는 과정이라 생각했기 때문에 오랫동안 함께 살아도 이혼은 생각해본 적도 없었단다. 서로 맞추면서 살아갔으니까'라고 말씀하셨어요. 저희는 외할머니의 말씀을 늘 기억하며 살고 있어요. 오늘 제시 씨와 함께 좋은 이야기를 나눠서 즐거웠어요."

"고마워요. 심리 상담이 이렇게 도움이 될 줄은 몰랐어요."

제시는 감사의 마음을 표현했다. 제시에게 인정을 받았다고 생각하니 기뻤다. 나는 제시에게 한 가지 이야기를 더 들려줬다.

"가정에서는 모든 가면과 짐을 다 내려놓아도 돼요. 예비 신랑도 제시 씨의 어린 아이 같은 모습을 감싸줄 거예요."

며칠 후, 메이는 제시가 별탈 없이 결혼식을 잘 마쳤다고 알려줬다.

HTP 해석

메이의 그림

- **하늘로 뾰족하게 솟은 나뭇가지** : 내면의 충돌, 공격적 성향
- **굴뚝** : 내적 긴장, 스트레스, 지나치게 인간관계와 가족구성원의 따뜻한을 추구
- **둥근 연기** : 유치함
- **기와** : 안전감 결여

- **닫힌 문과 창** : 폐쇄적
- **사과나무** : 의존감, 사랑, 관심 인정받고 싶은 욕구
- **네 개의 사과 열매** : 많지도 적지도 않음. 열매는 목표, 과거의 자기 성과를 향안 인정
- **동화 속에 나올 것 같 집** : 환상을 꿈꿈, 순진, 유치함

제10장

유부남과의 바람,
위험, 유혹

알렉스가 그림 한 장을 가지고 와서 나에게 보여주며 아무리 바빠도 시간 내서 봐달라고 했다. 나는 당혹스러웠지만 남편의 요청을 받아들였다.

"알렉스, 그림만 보고는 판단하기 어려워. 그림을 그린 사람의 이야기를 들어야 정확하게 분석할 수 있어."

"알아. 하지만 여보, 이건 라오왕과 관련된 일이라 안 도와줄 수 없어."

알렉스도 몹시 난처해했다. 라오왕은 우리 부부의 친구다. 대기업 관리직에 근무하고 있고 특별한 어려움 없이 잘 살았다. 그런데 그가 알렉스에게 이 그림을 건네주면서 나에게 분석을 요청해왔다.

"여보, 당신 라오왕에 대해 잘 알아?"

남편은 두 손을 들고 아무것도 모른다고 했다.

"라오왕은 그저 이 그림만 전해줬어."

나는 정말 난처했다.

"여보, 그럼 어쩌지?"

"우선 그림을 먼저 봐 봐. 그러고도 도저히 안 되겠다 싶으면 직접 라오왕에게 전화해서 물어봐."

알렉스의 말대로 지금 상황에서는 그것이 최선의 방법인 것 같아 그의 말에 따르기로 했다. 알렉스는 나에게 미안했는지 주스 한 잔을 따라주고 내 앞에 앉았다. 우리는 이어서 그림을 보면서 어떤 정보가 있는지 그림을 하나하나 분석해나가기 시작했다.

헤어진 그녀, 잘못된 만남은 끝

우선 집을 만화처럼 그린 것이 눈에 들어왔다. 집은 성장한 장소로 가정, 가족, 개인 영역을 나타내며 안전감을 내포한다. 문은 집을 드나드는 곳으로 문의 크기와 모양을 통해 외부세계를 향한 개방정도를 알 수 있다. 만약 그림 속 문이 두 개인 경우는 연인이나 배우자를 찾고 싶은 마음이 있음을 의미한다. 라오왕의 그림을 자세히 보니 문에 열쇠구멍이 있었다. 이는 성별 인식과 성적 갈망을 의미한다. 나는 그림을 가리키면서 남편에게 말했다.

"여자가 그렸나 봐?"

알렉스는 아무 대답도 하지 않았다. 잠시 후 남편은 라오왕에게 전화를 걸었다. 20분 후 라오왕이 우리 집으로 왔다.

"미안한 마음에 알렉스에게 대신 알아오라고 한 건 아니에요."

알렉스는 에둘러 말하는 라오왕을 이해하기 어려웠다.

"무슨 일인지 얼른 털어놔 봐요!"

라오왕은 이야기를 시작했다.

"이 그림을 그린 사람은 샤오쟈라는 여자로 올해 31살이고 내 부하직원이에요. 예전에 잠시 사귀다 최근에 헤어졌어요. 나는 그녀에게 새로운 일자리를 소개해줬는데……."

여기까지 듣다 알렉스는 머리에 무언가 맞은 사람처럼 충격을 받았다.

"도대체 밖에서 무슨 짓을 하고 다닌 거예요? 형수님이 알면 난리 날 일이잖아요!"

라오왕은 나를 쳐다보고는 불쌍한 표정을 지었다.

"다 끝난 일이에요. 제 아내에게 이르지 않을 거죠?"

나는 말을 옮기고 다니는 사람도 아닐 뿐더러 남의 일에 끼어드는 데 관심이 없었다.

"라오왕 씨, 알리지 않을게요. 무슨 일이 있었는지 말해 봐요."

라오왕은 자초지종을 털어놓았다.

"처음에는 별 사이도 아니었어요. 그러다 출장을 같이 다니면서 친해졌죠. 그녀는 매력적인 여자였어요. 알다시피 저는 좀 진중하지 못하잖아요. 그런데 그녀를 만날 때는 진심이었어요. 하지만 지금은 그녀와 관계를 정리했어요."

나는 라오왕을 살짝 비꼬면서 말했다.

"그런데 왜 이 그림을 가지고 나를 찾아왔나요? 너무 얽혀서 인연을 못 끊고 있나 봐요."

"그건 아니에요. 사이를 끊긴 했어요. 다만 이 상황에서 그녀가 도대체 무엇을 그렸는지 모르겠어요."

"저는 또 무슨 큰일이 난 줄 알았잖아요. 이런 일에 함께 얽히고 싶지는 않네요."

나는 이 말을 하고 잠자리에 들 준비를 하려고 했다. 그때 라오왕이 나에게 간절히 부탁했다.

"조, 샤오쟈를 좀 도와줘요. 한 번만 봐줘요. 그녀가 마음의 병을 앓고 있을지도 모르잖아요. 그녀 때문에 가정을 버릴 수는 없고요. 내 곁에 있어봤자 그녀는 불행해질 뿐이에요."

알렉스가 나에게 라오왕의 상황을 설명했다.

"여보, 라오왕은 이미 그녀와 헤어졌어요. 라오왕의 말뜻은 그녀와 잘못된 만남을 이어가길 원하지 않는다는 말이에요. 그래서 라오왕이 여기까지 왔잖아요. 힘든 일도 아닌데 잠깐만 봐줘요."

욕망은 많지만 자신감은 부족한 그녀

그 여자에게 세 살 난 딸이 있다는 라오왕의 말에 나는 크게 놀라면서도 흥미가 생겼다. 결국 남편 말에 따라 나는 다시 내 자리로 돌아왔다. 이어서 나는 라오왕에게 말했다.

"그림을 계속 볼까요. 그녀는 열쇠구멍이 있는 문 말고도 창 두 개를 그렸는데 여기에도 열쇠구멍이 있어요. 이건 그녀가 여성이라는 성별에 매우 동질감을 느끼고 온화한 사람이라는 뜻이에요.

거기에 크고 둥근 지붕을 그렸군요. 지붕은 환상과 공상의 공간으

로 현실과의 괴리를 의미해요. 지붕을 크게 그렸다면 환상을 좋아하고 상상력이 풍부하며 공상을 잘하죠. 즉, 현실생활과 인간관계를 멀리하는 성향이 있어요.

기와가 있는 집은 일반적으로 안전감이 결여되어 근심이 있다는 걸 의미해요. 기와를 장식으로 그렸다는 건 완벽주의자를 뜻해요."

나는 이어서 그림에 나오는 굴뚝을 설명했다.

"굴뚝은 성의 적응문제, 특히 동일성에 관한 문제를 나타내요. 그림에 굴뚝은 가정이 따뜻하게 자신을 지원하길 갈망하는 걸 암시해요. 하지만 굴뚝은 내면의 스트레스를 보여주기도 하죠. 사람들의 온정과 가족구성원과의 따뜻한 관계를 원하고 있어요. 샤오쟈는 굴뚝을 집 왼쪽에 그렸어요. 이건 건강하고 성적 능력이 강한 것으로 그녀는 정력이 넘친다고 말할 수 있어요."

알렉스가 말했다.

"다른 요소도 이야기해 봐."

나는 갈증이 나서 앞에 놓인 주스로 잠시 목을 축이고는 말을 이었다.

"다음으로 나무를 볼게요. 나무는 생명을 상징하면서도 성장을 의미해요. 나무는 무의식적인 상황에서 느끼는 자아상과 자아를 향한 태도뿐만 아니라 내면의 균형을 의미해요. 우선 나무의 유형을 보세요. 나무 유형은 생활태도와 인격의 성향을 알려주죠. 샤오쟈는 사과나무를 그렸군요. 의존감이 강하고 타인의 사랑과 관심, 인정을 받고 싶어 해요. 나무에 열매가 주렁주렁 열렸어요. 이 부분은 그림을 그린 사람과 이야기를 나눠야 해요. 이렇게 많은 열매가 의미하는 게 뭘까요? 손에 넣고 싶은 것이 아주 많다는 걸까요? 아니면 어떤 상황일까요?"

라오왕이 나에게 물었다.

"조, 당신의 경험으로 봤을 때 어떻게 생각해요?"

"내 경험으로 봤을 때 이 여자는 갖고 싶은 게 아주 많아요. 욕망과 목표가 많기 때문에 자신이 진정으로 가장 중요하게 여기는 것이 무엇인지 알기가 쉽지 않아요. 자신의 목표를 실현할 자신감, 능력, 정력, 시간이 충분하지 않아요. 이러한 상황에서는 좌절감이 생기고 자기비하를 하고 자신감도 부족해요."

나는 그림을 가리키면서 이어서 말했다.

"이건 그림의 선과 나무의 크기와 열매 크기로 추측한 거예요. 그림을 그린 사람의 이야기를 들으면 더 정확하게 알 수 있을 텐데 아쉽군요."

알렉스가 나무줄기를 가리키면서 나에게 물었다.

"나무줄기에 상처가 많지 않아요?"

"그런 것 같아요. 하지만 이 부분은 그림을 그린 사람에게 직접 물어봐야 해요."

나는 라오왕을 힐끗 쳐다보고는 이어서 말했다.

"상처라면 이건 성장과정에서 상처를 받았다는 걸 의미해요. 아직까지 치유하지 못한 상처요. 그녀의 에너지가 이 상처가 있는 곳을 돌면서 문제를 해결해나가려고 해요. 이어서 가지를 볼게요. 가지를 상당히 세세하게 그렸어요. 가지는 환경의 만족이나 다른 이들과의 인간관계, 에너지, 능력, 가능성과 적응성을 얻고자 하는 걸 의미해요. 또한 가지가 날카롭게 위로 향해 자라고 있다는 건 공격적인 성격이라는 걸 의미하죠. 공격성이 강하다는 의미지만 그렇다고 해서 직접 폭력으로 표출된다고는 볼 수 없어요. 언어나 감정적으로 공격성이 드러날 수도 있어요. 이러한 공격성이 일어나는 주요 원인은 자신의 능력과 목표의 격차를 제대로 알지 못하기 때문이에요."

나는 이어서 나무의 뿌리를 설명했다.

"마지막으로 뿌리를 보세요. 뿌리가 밖으로 나와 있다는 건 심적으로 성숙하지 못하고 자신감이 부족하다는 뜻이에요. 마음속에서 일어나는 수많은 갈등을 정리해야 해요. 과거의 경험에서 방법을 찾아 현재의 문제를 해결하는 습관도 있고요. 매의 발톱처럼 생긴 뿌리로 볼 때 자신이 손에 넣고 싶은 사람과 일이 있다는 것을 알 수 있어요. 뿌리 부분에 그림자 같은 걸 그렸다는 건 그녀가 외부환경에 상당히 신중하게 접근한다는 걸 의미해요."

라오왕이 내 말을 듣고 말했다.

"그녀가 하는 행동에는 심리적인 원인이 있다는 거로군요. 그녀가 새로운 환경에서 다른 남자와 관계를 이어갈까 걱정이에요. 그녀는 다른 남자를 만나는 걸 일을 하는 과정에서 동질감을 얻을 수 있는 방법이라고 생각하는 것 같아요."

나는 잠시 생각하고는 말했다.

"그 부분은 저도 잘 모르겠어요. 그녀와 이야기를 해보지 못해서 어떠한 제안도 하기 힘들어요."

나는 마지막으로 그림 속의 사람에 관해 라오왕에게 설명했다. 그 사람은 코가 강조되고 귀는 감춰져 있다. 코가 두드러진 그림은 주관이 강하고 공격성이 강하다는 것을 의미한다. 하지만 귀가 없다는 건 다른 사람의 의견을 귀담아 듣지 않는 성향을 나타내며 손가락을 하나하나 그렸다는 건 아주 섬세한 사람이라는 걸 보여준다.

나는 라오왕에게 이 여자를 만나고 싶다는 마음을 알렸다. 그녀가 부딪힌 문제는 이 그림을 분석한다고 해서 도와 줄 수 있는 성격의 것이 아니었기 때문이다. 그녀에게는 3살 된 딸이 있다. 그런데 그림에서 어머니로서의 책임과 역할이 전혀 느껴지지 않았다.

나는 샤오쟈가 성장하는 과정에서 무슨 일을 겪었기에 나무줄기에 상처가 많은지 알 수 없다. 그녀가 딸에 관한 문제를 마주하지 못하고 피해가려는 건지 아니면 다른 이유가 있는지 알고 싶었다. 자녀는 부모의 거울이다. 그들에게 관심을 줄수록 진실한 자신을 그들에게서 볼 수 있다. 자아를 조절하기 어려울 때 어떤 이는 도피를 선택하지만 어떤 이는 성장을 선택한다.

한 남자와만 결혼 생활은 후회

라오왕은 나와 샤오쟈가 만날 수 있는 자리를 마련했다. 사오쟈는 30대라고 하기에는 젊어보였다. 눈빛은 약간 흐릿하고 심지어 순수해 보이기도 했다. 라오왕은 그녀를 내 상담소로 데려다주고는 자리를 떠났다. 알고 보니 샤오쟈는 자신이 여기 온 이유도 몰랐다. 샤오쟈가 침묵을 깨고 말했다.

"심리상담사라고 들었어요. 여기서 일하시는군요? 따뜻하게 느껴져요."

"좋게 봐주니 고마워요!"

나는 샤오쟈에게 물 한 컵을 따라준 후 그녀의 왼쪽 자리에 앉았다.

"라오왕이 뭐라고 했어요?"

"특별한 말은 없었어요. 친구 중에 심리상담사가 있는데 만나보라고만 했어요."

샤오쟈는 이 말을 하고는 얼굴을 붉혔다. 내가 그녀와 라오왕의 사이를 알까 봐 걱정하는 게 느껴졌다.

"나를 왜 만나러 왔나요?"

그녀는 필요한 게 있어서 이곳에 왔음이 분명했다. 샤오쟈가 말했다.

"요즘 내내 불면증에 시달리고 있어요. 병원에서 수면제를 처방했지만 라오왕이 못 먹게 해요. 그가 당신이 나를 도와줄 거라고 해서 왔어요."

나는 처음으로 심리 상담을 하는 사람처럼 샤오자의 배경에 관한 자료를 질문을 통해 찾기 시작했다.

"언제부터 불면증이 시작됐죠?"

샤오자가 말했다.

"임신했을 때부터 밤에 잠이 오지 않았어요. 잠을 못 자니 몸은 갈수록 힘들었고요. 출산 후에는 밤마다 딸을 돌보느라 잠을 잘 수가 없었어요."

샤오자는 잠시 말을 멈추고 무언가 생각하더니 말을 이었다.

"그래서 때로는 친구들과 나가서 술을 마시기도 했어요."

나는 샤오자에게 설명했다.

"수면은 여러 문제와 관련이 있어요. 표면적인 문제는 현재 샤오자 씨가 불면증에 시달리고 있다는 거지만 이 문제를 해결하기 전에 우선 문제를 일으킨 진짜 이유를 알아가야 해요. 본질적인 원인을 찾아야 표면적인 문제를 해결할 수 있으니까요."

샤오자는 무슨 생각이 났는지 나에게 물었다.

"네. 알았어요. 지난번에 라오왕이 나에게 집, 나무, 사람을 그리라고 하더군요. 오늘 가져왔어요."

샤오자는 가방에서 그림 한 장을 꺼냈다. 샤오자를 만날 줄 알았다면 지난번에 그리 많은 이야기를 할 필요가 없었을 텐데. 하지만 지금 나는 인내심을 갖고 샤오자에게 그림을 분석해서 설명해주기로 했다. 다만 오늘은 샤오자와 처음 상담하는 거라 그녀를 만나기 전에 알고 있던 정보를 모두 말하지는 않았다. 우리는 일주일 후 다시 한 번 만나기로 약속했다. 약속한 날이 되어 샤오쟈는 라오왕 없이 혼자 나를 찾아왔다. 상담실로 들어오자 마자 샤오쟈는 다급하게 나에게 물었다.

"지난번에 상담을 하고 돌아와서 우리가 나눴던 이야기들을 곰곰이 생각했어요. 지난번에 제가 따뜻한 가정을 바라는 요구치가 높은 사람이라고 했었죠?"

"그래요. 샤오쟈 씨, 이 부분에 관해 더 보충할 말이 있나요?"

"그 말이 맞아요. 결혼한 사람들은 모두 저와 같을까 생각해봤어요. 저는 한 남자와만 결혼한 삶이 후회돼요. 그동안 이혼을 얼마나 많이 생각했는지 몰라요. 하지만 남편은 꽤 괜찮은 남자라서 갈등이 돼요."

나는 샤오쟈의 이야기를 들으면서 고개를 끄덕였다. 그녀가 계속해서 이야기를 하도록 격려하는 의미였다. 샤오쟈는 잠시 말을 멈추고는 자기 생각을 정리한 후 이야기를 이어갔다.

"어떻게 말해야 할까요. 저는 조금의 흠도 참을 수가 없어요. 네, 남들이 보기에 별일 아닌 일도 저는 그냥 넘어가지질 않았어요."

"그러니까 따뜻한 가정을 바라는 요구치가 높기 때문에 집안의 세세한 일로 남편과 다툼을 벌였다는 말인가요?"

나는 샤오쟈가 말하지 않은 내용을 짐작해서 말했다.

"맞아요. 우리는 작은 일로 자주 다퉜어요. 심할 때는 내가 왜 이 남자와 결혼했나 하는 생각이 들 때도 있었어요."

샤오쟈는 슬펐는지 이 말을 하고는 고개를 떨궜다.

"최근에도 싸웠나요? 최근에 싸웠던 이야기를 조금 해줄래요?"

"어제 저녁, 우리는 누가 문을 여느냐의 문제로 대판 싸웠어요. 정말 마음이 너무 아팠어요."

나는 당황해서 물었다.

"누가 문을 여느냐로 싸웠다고요?"

"같이 집에 도착하면 그는 늘 저에게 문을 열라고 해요. 저는 그게 마음에 들지 않았어요. 그렇지만 어쩌겠어요. 하는 수 없이 제가 열었죠. 그런데 남편은 뭐가 불만인지 제가 신경질을 잘 부린다고 생각해요. 제가 집을 집으로 여기지 않는대요. 저보고 여행 온 관광객 같대요."

샤오쟈는 이 말을 하고는 슬픈 표정을 지었다.

"왜 문을 열기 싫어요? 문을 열라고 할 때 어떤 기분이 드나요?"

"나도 모르겠어요. 그냥 문 열기가 싫어요. 평소에 저는 열쇠를 가지고 다니지 않아요. 집에 오면 초인종을 눌러요. 그러면 남편이 문을 열어주죠. 생각해 보면 남편 말이 틀리지 않아요. 저는 제가 사는 곳을 집으로 여기지 않는 게 맞을 거예요."

나는 샤오쟈의 말을 듣고 물었다.

"샤오쟈 씨에게 집은 어떤 곳인가요?"

"모르겠어요."

샤오쟈는 난감한 표정을 짓고 나를 쳐다봤다. 나는 내가 느끼는 집의 느낌을 먼저 말했다.

"저에게 집은 모든 것을 벗어버리고 편하게 마음을 내려놓을 수 있고 완전한 나로 돌아오는 곳이에요. 저를 든든하게 받쳐주고 지탱해주는 곳이고 남편과 수다를 떠는 곳이기도 하죠."

샤오쟈는 잠시 생각하고는 말했다.

"저는 그런 느낌이 안 들어요. 오래 전부터 편히 쉴 수 있는 집이라고 생각하지 않았나 봐요."

"오래전이라면 언제를 말하는 건가요?"

"임신했을 때요. 당시 저는 너무 힘들었어요. 어디도 갈 수가 없었으니까요. 그래서 남편이 저를 많이 챙겨주길 바랐는데 그는 늘 바쁘다고 했어요. 그러면서 술에 취해 들어와 잠들어버리기 일쑤였어요."

"남편이 왜 그랬을까요?"

"남편은 영업하는 사람이에요. 힘든 일이죠. 당시 회사 실적이 좋지 않아 남편은 하루 종일 회사 대표와 함께 접대를 하면서 사업을 했어요."

"남편이 하는 말을 믿나요?"

"그럼요. 저는 남편을 신뢰해요. 하지만 그가 저를 냉담하게 대하는 건 참을 수가 없어요. 그 당시부터 저는 이혼을 생각하기 시작했어요."

"남편이 꽤 괜찮은 남자라고 했잖아요?"

나는 점점 흥분하는 샤오쟈에게 이 말을 일깨워줬다.

"네. 그래서 제가 이혼하지 못하는 거예요. 사실 저도 너무 힘들어요. 그는 잘못이 없어요. 저도 그렇고요. 힘든 고통의 시기는 지나갔어요. 하지만 늘 그때 감정이 마음에 남아있어요. 예전에 저와 남편은 사이가 좋았어요. 그때는 그가 나를 많이 사랑하고 있다고 느꼈어요.

그런데 지금은 남편이 아무리 잘해줘도 말다툼이 시작되면 이 남자는 말로만 나를 사랑하고 있다고 생각해요. 그는 가장 필요할 때 나를 버리고 돌봐주지 않았다는 원망이 들기만 해요."

"당시 남편은 샤오자 씨를 돌볼 수 있는 상황이 아니었어요. 그 시절을 샤오자 씨는 어떻게 지나왔나요?"

"남편은 시어머니에게 저를 돌봐주라고 했어요. 하지만 시어머니는 저를 돌봐줄 마음이 전혀 없었어요. 살림을 하던 분이 아니었거든요. 점심 식사 준비를 하기 싫어서 거르는 그런 분이죠. 당시 저는 입덧이 심했어요. "

당시를 떠올리는 샤오자의 눈시울이 붉어졌다.

"그럼 샤오자 씨 부모님은요? 샤오자 씨를 돌보러 오지 않았나요?"

붉어진 눈에서 떨어지는 눈물을 닦으며 샤오자는 자신의 얘기를 풀어놓았다.

임신했을 때 서러움은 평생 가

"제가 어릴 적에 두 분 모두 돌아가셨어요. 그래서 서글플 때가 있어요. 저에게는 원망할 사람조차 없다고요. 다른 사람들은 부모님이 돌봐주는데 저는 돌봐줄 사람이 없었어요. 그러니 제가 누굴 원망할 수 있겠어요? 그저 제 스스로를 원망했죠. 그럴 수밖에 없지 않았겠어요?"

샤오자는 나를 쳐다봤다. 나는 샤오자에게 말했다.

"힘든 나날을 보내왔다고 생각하는군요. 현재 삶을 잘 받아들이지 못하는 것처럼 보여요."

샤오쟈는 이해가 되지 않는다는 반응을 보였다.

"현재의 삶을 받아들이라고요?"

"샤오쟈 씨가 임신했을 때 샤오쟈 씨의 남편은 돌봐주지 않았어요. 당시 샤오쟈 씨의 남편은 회사가 위기에 처해 있었기 때문에 돌봐줄 시간이 없었죠. 그러니 샤오쟈 씨는 남편을 이해하고 용서할 수 있어요. 맞나요?"

나는 샤오쟈가 했던 말을 반복해서 말했다.

"맞아요."

"그러니 이 문제에서 샤오쟈 씨의 남편은 잘못이 없어요. 그렇죠?"

"네, 사실 당시 남편은 저를 돌보는 일에 더 나은 선택을 할 수가 없었어요. 그도 그가 할 수 있는 최선을 다 했어요. 그는 잘못이 없어요."

"가장 필요할 때 샤오쟈 씨의 남편은 샤오쟈 씨를 제대로 돌보지 않았어요. 하지만 샤오쟈 씨 남편의 잘못은 아니었어요."

나는 샤오쟈의 남편에게 잘못이 없다고 한 샤오쟈의 말을 반복해서 말하고는 이야기를 이어갔다.

"그러니 샤오쟈 씨는 남편이 돌봐주길 바랐지만 샤오쟈 씨의 남편은 일 때문에 그 욕구를 만족시켜주지 못했어요. 이것이 샤오쟈 씨가 마주 봐야 할 현실이에요."

나는 보충해서 말했다.

"부정적인 암시를 할수록 슬퍼질 뿐이에요. 하지만 긍정적인 시각으로 생각하면 불행한 일에 부딪혀도 그것을 직시하고 해결하면서 자신의 힘을 키울 수 있어요."

“당시 누군가 저를 돌봐주기를 바랐어요. 하지만 남편은 저를 돌봐줄 시간이 없었어요. 이것이 제가 받아들여야 할 현실이라는 거죠? 이 현실을 잘 받아들였다면 임신했을 때 우울하고 슬퍼하지 않았을 테고 행복한 나날을 보낼 수 있었다는 말이군요.”

“그럴 가능성을 배제할 수는 없어요. 시어머니가 와도 샤오쟈 씨가 바라던 욕구를 채울 수는 없었어요. 시어머니가 일부러 그랬을까요?”

“고의는 아니었을 거예요. 어머니는 원래 그런 분이니까요?”

“바로 그거예요. 시어머니가 원래 그런 분인 걸 샤오쟈 씨도 잘 알고 있잖아요. 그런데 아직까지 마음에 담아 두고 있으면 되나요? 샤오쟈 씨는 시어머니를 바꾸지 못해요. 원래 그런 분이니까요. 그러니 샤오쟈 씨가 눈높이를 낮추거나 다른 해결 방법을 찾아보세요. 샤오쟈 씨가 임신했을 때 어떤 특별한 일이라도 있었나요? 시어머니가 다른 사람과 샤오쟈 씨를 비교했거나.”

“제 친구도 저와 비슷한 시기에 임신을 했어요, 당시 제 친구는 SNS에 자기 남편과 여행 다니는 사진과 유명 맛집에서 찍은 요리 사진을 올렸어요. 그 사진들을 볼 때마다 제가 참 불쌍하게 느껴졌어요. 부모님이 일찍 돌아가신 게 절대 불행한 일이 아니라며 현실을 받아들였다고 생각했는데 실은 그렇지 않았나 봐요.”

그 후로 오랫동안 나와 샤오쟈는 대화를 나누었다. 그녀는 지금의 상황에서 벗어나고 싶지만 그 방법을 모르겠다고 했다. 가장 중요한 것은 그녀가 자신을 변화시키고자 하는 마음을 갖게 되었다는 사실이다. 그래서 나는 그녀와 매주 1회 한 시간씩 만나기로 약속했다.

샤오쟈와 세 번째 만났을 때, 그녀는 남편과 사이가 많이 좋아졌다고 알렸다. 샤오쟈는 이제 더 이상 남편을 원망하지 않는다고 했다. 몇 마디 말다툼을 해도 그녀가 다툼을 멈추거나 양보하기 때문에 예전처럼 히스테리를 부리는 일도 많이 줄었다고 했다.

"샤오쟈 씨, 그림을 보면 나무에 열매가 많이 열려 있어요."

오늘은 생명의 나무에 관해 이야기를 나누기로 했다. 나는 그녀가 왜 많은 열매를 그렸는지 궁금했다. 샤오쟈는 그림을 보고 말했다.

"나무가 허전해보였어요. 그래서 열매로 가득 채우고 싶었을 뿐이에요."

"열매가 많은 그림에서 샤오쟈 씨가 욕망과 목표가 아주 많은 사람이란 걸 알 수 있어요. 하지만 일상생활에서 목표를 세우지 못해요. 어떻게 생각하나요? 그런가요?"

"아마도 그럴 거예요. 얻고 싶은 게 많지만 이뤄낼 능력은 없어요."

"그렇기 때문에 뾰족한 나뭇가지가 위를 향해서 자라는 거예요. 목표와 능력 사이에서 큰 괴리를 느끼고 있다는 뜻이에요."

샤오쟈가 내 말을 듣고 말했다.

"하지만 저는 정말 갖고 싶은 게 많아요. 이런 저에게 문제가 있다는 걸 잘 알아요. 이것저것을 소유한다는 것은 저에게 마치 연애를 하는 느낌이라고나 할까? 그런 기분을 느끼게 해주거든요. 어떤 때는 한 사람이 아닌 여러 사람을 동시에 사랑할 수 있다고 생각할 때도 있어요."

말을 마친 샤오쟈는 내 얼굴을 쳐다봤다. 나의 반응이 어떨지 궁금해 하는 모습이 역력했다. 미소를 짓고 있는 나에게 샤오쟈가 질문을 던졌다.

"이런 감정을 느껴본 적이 있나요?"

"아니요."

나는 내 경험을 함께 나누고자 한 가지 예를 들려줬다.

"사람에게는 느껴본 적이 없어요. 하지만 옷에는 그런 느낌이 들었어요. 옷이 너무 갖고 싶고 손에 넣고 싶었어요. 그런데 시간이 지나면서 한 가지 사실을 깨달았어요. 어떤 옷은 저에게 어울리지 않았어요. 또 어떤 옷은 너무 비쌌고요. 제가 감당하기 어려울 정도로요. 그러면서 제가 진정으로 원하는 것이 무엇인가 자문하기 시작했어요."

상담사 수칙 중 중립을 유지하는 것은 매우 중요하다. 도덕적인 비판자가 되면 안 되기 때문이다. 나는 최대한 중립을 지키기 위해 노력하며 이 말을 했다. 샤오쟈가 말했다.

"무슨 말인지 알아요. 하지만 저는 중년 남자가 저에게 주는 관심을 뿌리치기 힘들어요. 저는 참 천박한가 봐요. 왜 중년 남자들과 사귀려고 할까요?"

"손에 넣고 싶은 것들이 너무 많아서 그런 게 아닐까요? 자기 능력으로는 얻기 어려우니 지름길을 찾고 싶을 수도 있지 않나요?"

"처음에는 저도 그렇게 생각했어요. 하지만 그게 진짜 이유는 아니에요. 안 그래요?"

"무언가 갖고 싶을 때 그것이 진정으로 갖고 싶은 건지 생각해보세요. 샤오쟈 씨가 가장 중요하게 생각하는 목표가 무엇인지 천천히 알아간다면 지금처럼 스트레스가 많지 않을 거예요. 그럼에도 마찬가지로 갖고 싶다면 그때는 노력해서 가져보세요. 실패할수록 성공할 수 있는 기회는 늘어날 거예요. 이렇게 선순환을 이어가보세요."

"알았어요. 해볼게요. 마침 회사를 옮겼으니 모든 것을 새로 시작해볼게요."

다시 찾은 책임감

다른 도시에서 열리는 학술회의에 참가하느라 나는 2주가 지나서야 샤오쟈와 네 번째 만남을 가졌다. 이날 샤오쟈는 불면증이 많이 나아졌다고 말했다.

"마음이 아주 많이 편해졌어요. 욕심이 줄어드니 삶이 더 편안해졌다는 걸 어느 순간 깨달았어요."

나는 샤오쟈의 말을 듣고 몹시 기뻤다. 하지만 기쁨도 잠시, 샤오쟈는 새로운 문제에 부딪혔다고 말했다.

"너무 오랫동안 딸을 돌보지 못해서 마음이 아파요. 저는 정말 나쁜 엄마예요."

"남편은 뭐라고 하나요?"

"남편은 제가 밖에서 무슨 일을 하고 다녔는지 몰라요. 일이 바쁘니까요. 남편은 제가 좋은 엄마라고 믿고 있어요."

"그럼 지금부터 좋은 엄마가 되면 되죠."

"제가 책임감이 있는 사람이라는 걸 이제야 알았어요. 저는 더 이상 혼자가 아니에요. 딸이 있으니까요. 딸을 잘 키워야죠. 지금은 딸과 함께하는 데 많은 시간을 보내고 싶어요. 예전처럼 회피하면서 딸을 외면하려 하지 않을 거예요."

샤오쟈는 딸 이야기로 화제가 돌아가자 어머니로서 따뜻한 미소를 지었다. 이후 우리는 일과 관련된 이야기를 자주 나눴다. 그녀가 자기 자신을 믿고 의지하면서 한 발 한 발 걸어 나가는 모습을 보니 흐뭇했다. 샤오쟈는 이후 10회에 걸쳐 심리 상담을 받았다. 나는 그녀가 자신감을 되찾고 성장과정에서 받은 상처를 치유하도록 성심성의껏 도왔다.

샤오쟈의 그림

- **사과나무** : 의존감, 타인의 사랑과 관심, 인정 욕구
- **많은 사과 열매** : 많은 욕망 목표
- **뾰족한 가지** : 공격성

- **크고 둥근 지붕** : 환상과 공상의 공간, 현실과의 괴리, 상상력 풍부
- **기와** : 안전감 결여, 근심
- **기와 장식** : 완벽주의자
- **왼쪽에 있는 굴뚝** : 건강, 성적 능력 강함

- **밖으로 나온 뿌리** : 심적 미성숙, 자신감 부족
- **매의 발톱처럼 생긴 뿌리** : 손에 넣고 싶은 사람과 일이 있음
- **뿌리의 그림자** : 외부환경에 신중하게 접근함

- **열쇠 구멍** : 여성이라는 성별에 동질감을 느낌, 온화한 사람

- **큰 코** : 주관이 강함, 공격성
- **귀가 없음** : 다른 사람의 의견을 귀담아 듣지 않음
- **세세한 손가락** : 섬세함

제11장

우리집 여자들의 불행은 유전

킹교수님과 나는 최근 가족의 비극적인 유전 문제를 연구해보기로 했다. 어찌 보면 실생활과 멀어 보이는 주제지만 실제로 관련 사례들이 늘고 있는 중요한 문제이다.

성장하는 과정에서 우리는 두 가지 선택지를 받는다. 하나는 부모님을 닮은 삶이고, 다른 하나는 부모님과 완전히 다른 삶을 사는 것이다. 예비 아내의 미래를 알고 싶다면 장모님을 보면 된다는 말이 있다. 이 말만 보더라도 가족의 영향력이 얼마나 큰지 알 수 있다. 연구대상으로서 큰 의미가 있음은 더 이상 말하지 않아도 될 것이다.

나는 지도 교수가 사례를 정리한 파일을 보다가 인상에 남는 내담자 기록을 보았다. 그녀와 관련된 모든 이야기는 그림에서 시작됐다. 그녀의 그림을 보면 집이 매우 크고 나무는 특이하게 생겼다. 게다가 나무와 집의 거리가 매우 가깝고 그림 속의 사람은 손과 발이 없었다. 나는 이 부분들이 상당히 신경 쓰였다. 나는 궁금증을 참지 못해 지도 교수에게 물었다.

"이 내담자는 몇 년 전에 왔었죠?"

"2, 3년 됐을 거야. 당시 나는 대학에서 학생들을 가르치고 있었어. 우리가 지금 운명적인 유전에 관한 이야기를 하고 있었지? 이 내담자는 이 주제와 깊은 관련이 있어."

지도 교수의 말에 귀가 솔깃해진 나는 보이차를 가져와 지도 교수 앞에 놓았다. 이야기가 길어질 것 같은 예감이 들었기 때문이다. 지도 교수는 당시를 회상하면서 말했다.

"처음 이 내담자를 만났을 때 일반 사람과 다르다는 느낌을 받았어. 자기 분야에서 경력이 많아 보였지. 이 그림은 나와 심리 상담을 할 때 그린 거야. 당시 나는 그녀가 무슨 일을 겪었는지 모를 때였어. 인상에 아주 많이 남는 내담자야."

"그림을 보니 그녀는 가정에 의지하려는 마음이 커 보여요. 집과 나무를 이렇게 가깝게 그리는 사람은 많지 않잖아요."

지도 교수가 내 말을 듣고 말했다.

"이 사례를 이해하면 왜 이렇게 그렸는지 알 수 있을 거야. 앞으로 HTP 검사를 할 때도 마찬가지야. 가장 핵심적으로 봐야 할 부분은 피검사자의 자기 이야기야. 안전감이 결여되어 있다고 해도 사람마다 원인은 다르니 그에 따른 결과도 다를 수밖에."

"선생님 말씀이 맞아요. HTP 검사를 해보니 그림이 내포하는 의미들이 많았어요. 그래서 어느 곳에 초점을 맞춰야 하는지 파악해야 해요. 하지만 이것보다 더 중요한 건 내담자의 이야기를 듣는 거예요."

나는 내가 만났던 피검사자들이 생각났다. 친구들이든 일반 내담자들이든 그들도 저마다 처한 상황이 다르고 문제의 원인도 달랐다.

"바로 그거야."

지도 교수는 공감하는 의미로 나에게 미소를 짓고는 사례를 기록한 파일을 보여줬다.

"여기에 자네가 흥미롭게 느낄 기록이 있으니 한번 보게. 그리고 내 대신 이 기록들을 컴퓨터에 파일로 저장해주면 좋겠어."

"네, 그럴게요."

나는 즐거운 마음으로 그의 부탁을 받아들였다. 지도 교수가 이제까지 쌓은 경험과 지혜를 간접적으로나마 배울 수 있으니까. 이것이 교수와 제자 사이에 교류할 수 있는 특별한 방법임을 나는 잘 알고 있었다. 여유로운 오후, 나는 상담 기록을 폈다.

2010년 7월 4일 일요일 오후 3~4시 제1차 상담 기록

A : 오늘 방문하기로 한 내담자, 여, 38세, 미혼, 제자의 소개로 방문, 감정적인 문제 때문에 상담 요청.

A와 전화 통화 후 급하게 약속 시간을 잡았다. 갑자기 잡힌 상담이라 나는 학생의 상담실을 빌렸다. 약속 시간보다 일찍 상담실에 온 나는 우선 상담 장소를 여기저기 살폈다. A는 약 5분 정도 늦게 왔다.

"어, 좀 늦었죠. 길 찾기가 너무 어려워서요."

그녀 말이 맞다. 초행길인 사람이 단번에 찾아오기는 어려운 곳이었다. A는 옅은 화장에 자신에게 잘 어울리는 옷을 입었다. 상당히 패셔너블했고 한 눈에 보기에도 커리어우먼 같았다.

그녀는 미소를 짓고 있었지만 긴장한 모습이 역력했다. 나는 그녀에게 물 한 잔을 따랐다.

"이 선생님, 저를 도와주셔야 해요."

"그럴게요. 무슨 문제로 이곳을 찾아왔나요?"

나는 으레 그러하듯 그녀에게 물었다.

"운명은 너무 불공평해요. 저는 집안 조건이 좋고 스스로도 열심히 노력해서 그 동안 많은 경력을 쌓았어요. 그런데 정말 모르겠어요. 왜 저인 거죠?"

갑자기 감정이 격해진 A는 말을 이었다.

"저는 어릴 적부터 유복한 가정에서 자랐어요. 외국 대학에서 유학했고요. 대학 때 저보다 나이가 꽤 많은 남자 친구를 사귀었는데 저에게 무척 잘해줬어요. 당시 저는 대학을 졸업하면 그와 결혼하려고 생각했어요. 그러던 어느 날, 저는 방광암에 걸렸어요. 병원에서 꽤 오랫동안 치료를 받아야 했기 때문에 그와 헤어졌죠."

A는 꽤 무거운 이야기를 생각보다 담담하게 말했다. 나에게 처음으로 털어놓는 이야기가 아니었기 때문이었을 것이다. 하지만 듣는 입장에서 나는 크게 놀랐다. 건강해 보이는 젊은 여성에게 그토록 무서운 병이 있었을 줄이야. A는 이야기를 이어갔다.

"그때 그가 떠나간다는 현실을 받아들일 수 없었어요. 울고불고 난리도 아니었어요. 지금 생각하면 그때 제가 왜 그랬는지 모르겠어요. 남자 친구에게 참 못할 짓을 했더라고요. 주변 사람들은 '긴 병에 효자 없다'는 말로 저를 위로했어요. 우리는 그저 연인 사이였잖아요.

제가 그런 병에 걸렸을 때 그가 떠나간 건 어쩌면 당연한 일이었죠. 안 그런가요?"

A는 나를 쳐다봤다. 그녀는 내가 공감해주기를 바랐다. 그러나 나는 아무런 반응도 보이지 않았다. 내가 어떠한 반응을 하느냐에 따라 내 관점을 강요할 수도 있고 내담자에게 영향을 줄 수 있기 때문이다. 대신 나는 그녀에게 질문을 했다.

"이 일이 지금의 A씨에게 많은 영향을 주었나요?"

A는 겉으로는 쿨한 표정을 짓고는 말했다.

"특별히 영향은 받지 않았어요. 다 지나간 일이잖아요. 어머니는 제 치료비로 많은 돈을 썼어요. 천만다행으로 저는 완치했어요."

"축하해요!"

A는 강한 생명력을 가진 사람임에 분명했다. 그녀는 앞으로 더 멋진 삶을 살아갈 것이다.

"고마워요!"

A씨는 웃는 얼굴로 화답하고는 상담하러 온 이유를 말했다.

"귀국한 후 몇몇 남자들과 교제를 했는데 오래 가지 못했어요. 저는 연애 고자인가 봐요."

"어디에 문제가 있다고 생각하나요?"

"저도 모르겠어요. 하지만 분명 문제는 있을 거예요. 귀국한 후 B씨를 소개받았어요. 그는 제 친구가 MBA에 다닐 때 알던 친구에요. 중국 원저우에 직접 운영하는 회사가 있었어요."

A는 이야기를 어떻게 이어가야 할지 몰라 잠시 말을 멈췄다. 내가 물었다.

"원저우 사람이에요?"

"네. 저도 원저우 출신이에요. 그래서 우리는 처음 만났을 때부터 이야기가 잘 통했어요. 당시 저희 어머니도 회사를 운영하고 있었어요. 그와 교제를 하면서 어머니가 여자로서 원저우에서 사업을 한다는 게 얼마나 힘든 일인지 알게 됐어요."

"듣기에는 별 문제가 없어 보이네요. 얼마나 사귀었나요?"

"5년이요."

"왜 헤어졌나요?"

5년은 결코 짧은 시간이 아니다. 5년이면 이미 결혼해서 아이까지 낳아서 키울 수 있는 시간이었으니까.

"그는 자기 아내와 이혼하지 않았어요. 제가 그를 처음 알았을 때 자기 아내와 사이가 좋지 않아 이혼할 거라고 했어요. 그런데 미루기만 하더니 결국 아내 곁으로 돌아가 버렸어요."

A는 여기까지 말하고는 우울한 표정을 지었다. 더 이상 말할 기분이 아닌 것 같아 보였다.

"그와 헤어진 후, 저는 얼마나 힘든 시간을 보냈는지 몰라요. 그러다 다른 남자를 만났어요. 저보다 6살 연하였기 때문에 원래는 사귈 생각이 없었어요. 당시 저는 의류사업 규모를 조금씩 늘려가고 있었어요. 그때 그는 제 협력회사의 담당자였어요. 그는 저에게 구애를 했지만 우리 둘은 어울리지 않는다고 생각했어요."

"그럼 어떻게 교제하게 됐나요?"

"저도 왜 그와 사귀었는지 이유를 모르겠어요. 그는 저에게 지극정성으로 잘 했었죠. 하루도 빠지지 않고 아침저녁으로 전화하고 재미 있는 이야기로 저를 즐겁게 해줬어요. 꼬박꼬박 자기 일정을 얘기하기도 했고요. 그런 그의 마음에 저는 감동했어요."

"얼마나 사귀었나요?"

"3년 넘게 사귀었어요."

"왜 헤어졌나요?"

"그가 헤어지자고 했어요. 그는 저와 결혼하고 싶다고 했어요. 하지만 저는 결심이 서지 않아 확실한 대답을 하지 못했어요. 그러다 시간이 지나면서 자연스럽게 결혼 이야기를 꺼내지 않게 됐어요. 1년이 지나고 우리 둘 사이에 감정적인 문제가 생겼고 그도 저에게 예전처럼 열정을 보이지 않았어요. 그렇게 1년이 더 지나고부터는 만나기만 하면 다퉜어요. 그러다 그가 헤어지자고 했어요."

나는 의문이 들어 A에게 물었다.

"그럼 지금은 어떤 문제가 있나요?"

"위썬이라는 남자가 있어요. 좋은 사람이지만 그와 교제를 시작해야 할지 말지 고민 중이에요. 요즘 이 문제 때문에 힘들어요. 좋은 친구 사이인데 사귀다 헤어지면 친구 사이마저 깨져버릴 수 있잖아요."

첫 상담을 통해 어느 정도 내담자의 배경을 이해하게 됐다. 내담자가 상담하는 목적을 명확히 알 수 있었으며 내담자와 좋은 관계를 형성할 수 있었다.

2010년 7월 11일 일요일 오후 3~4시, 2차 상담 기록

오늘은 가랑비가 내렸다. A는 10분 일찍 상담실에 왔다. 지난번과 마찬가지로 그녀는 잘 차려 입었고 섬세하게 화장한 모습이었다.

"일주일 동안 어떻게 지냈나요?"

"잘 지냈어요. 그런데 일이 좀 있어 마음이 좋지 않아요."

"구체적으로 얘기해주세요."

나와 A는 그녀에게 일어난 일을 화제로 이야기하기 시작했다.

"제 어머니가 건강이 좋지 않아 병원에 입원했어요. 위썬이 병원을 알아봐주겠다고 하더니 갑자기 출장을 가버려서 급하게 병원을 알아보고 입원 수속을 했어요. 그가 도와주지 않았다고 원망하는 건 아니에요."

나는 A씨에게 물었다.

"위썬은 자신이 먼저 도와주겠다고 말했지만 결과적으로는 아무 도움도 주지 못했어요. 그때 어떤 기분이 들었나요?"

심리상담사인 나는 주로 사건이 발생한 후 당사자가 받은 영향에 주목한다. 이러한 이유로 나는 A와 사건과 관련된 이야기를 나누고 싶었다. 그녀가 현재 무엇을 느끼고 있는지 알아야 했기 때문이다. A가 솔직하게 말했다.

"실망했죠. 철석 같이 그를 믿고 있었어요. 그런데 갑자기 지방으로 출장을 갈 줄 누가 알았겠어요. 그는 지방에 가서 아는 의사에게 연락을 했지만 전화를 받지 않는다고 했어요. 그 말을 듣고 저는 정말 화가 많이 났어요. 지키지 못할 약속이었다면 차라리 말을 하지 말았어야죠. 기다리다 괜히 시간만 허비했잖아요."

A는 위썬 앞에서 마지막 말을 하지 않았을 것이다. 정작 하고 싶은 말을 하지 못했을 때 사람들은 누군가에게라도 털어놓고 싶은 마음

이 들기 마련이다.

"상관없어요. 저는 괜찮아질 거예요. 이 남자는 믿을 만하지 못하다는 걸 이미 잘 알고 있었으니까요. 남자들은 자기 일이 가장 중요해요."

A는 이렇게 자연스럽게 남자에 대한 자신의 생각을 밝혔다. 나는 A씨를 위로했다.

"가장 큰 도움이 필요할 때 위썬 씨는 손길을 내밀지 않았어요. 그래서 마음이 아팠군요. 충분히 이해해요. 그래도 어머니께서 치료시기를 놓치지 않고 입원하셨다니 다행이에요."

"이 일 때문에 힘든 게 아니에요. 그럴 수 있다고 생각해요. 그를 이해해요. 어쨌든 우리 어머니가 아픈 거랑 그와는 아무 상관 없잖아요? 제가 진짜 마음이 아픈 이유는 따로 있어요. 위썬은 출장에서 돌아와 어머니 병문안을 왔어요. 그런데 어머니는 그가 탐탁지 않았는지 저에게 그와 어떤 사이냐고 물었어요. 그때 저는 뭐라고 말해야할지 몰라서 무척 난처했어요. 그와 무슨 사이인지 저도 알고 싶어요! 그냥 친구 사이라면 굳이 저에게 자신의 일상을 알릴 필요도 없고 전화를 하지 않아도 되잖아요. 어머니가 입원한 걸 알고 출장에서 돌아오자마자 병문안을 온 것도 그렇고요. 그렇다고 우리에게 무슨 일이 있었던 것도 아니에요. 그는 저에게 고백하지도 않았고요. 만약 제가 자기 여자 친구이길 바란다면 최소한 표현은 해야 하잖아요. 그는 가끔 농담으로 제가 60살이 되어 아무도 거들떠보지 않을 때, 그때 저를 아내로 맞이하겠대요. 제가 외롭게 늙을까봐 옆에서 지켜주겠다면서요. 그런데 왜 하필 60살인 거죠?"

A의 물음에 나는 아무런 대답도 하지 못했다. 이 문제는 내가 답해 줄 수 있는 범위를 벗어났기 때문이다. 다만 나는 A에게 제안을 했다.

"그가 무슨 생각을 하는지 알기 전에 먼저 A씨 자신의 생각을 알아보는 건 어떨까요? 괜찮나요?"

A는 의구심이 들었는지 나에게 되물었다.

"좋아요. 그런데 어떻게 내 생각을 알 수 있죠?"

"예를 들어볼게요. 만일 그가 고백을 한다면 받아들일 건가요?"

A는 내 질문에 갑자기 큰소리로 대답했다.

"그는 저에게 고백하지 않을 거예요!"

"알았어요. 그가 고백하지 않을 거라 확신하고 있군요. 그렇죠?"

"그래요. 그가 진짜 저에게 고백을 한다 해도 저는 받아주지 않을 거예요. 아마도 망설이겠죠."

"왜 망설일까요?"

나는 A의 진짜 생각을 듣기 위해 차근차근 질문하기 시작했다. A가 그 이유를 말했다.

"저희 어머니는 그를 아주 싫어해요. 어머니를 실망시키고 싶지 않아요. 게다가 괜히 사귀었다가 친구 사이마저 깨져버릴까 걱정도 되고요. 차라리 지금처럼 그냥 친구로 남는 게 나아요."

나는 내가 짐작한 생각을 말했다.

"잠재의식 속에 그와 교제하길 바라지 않고 있어요. 충분히 가능성 있는 말인가요?"

A는 한참을 고민하더니 말했다.

"그럴지도 몰라요."

"그렇게 생각하나요? 그와 교제하지 않겠다는 생각은 머리로 내린 판단에 불과하지 않나요? 친구인 그와 교제하는 건 안전하지 않기 때문에요. 친구 사이마저 깨져버릴까 봐요. 이런 걱정으로 그와 교제할 기회를 포기해야 한다고 스스로 강요하고 있어요."

"충분히 가능성 있는 말이에요. 우리 사이가 더 가까워져서 애인이 된다면 제 내면에서 그러겠죠, 사귀다 헤어지면 지금의 사이로 돌아갈 수 없게 된다고요. 지금도 충분히 좋은 사이이니 여기서 만족해야 한다고 말이에요."

나는 이어서 물었다.

"조금 전에 제가 말했듯이 만약 그가 고백을 하면 어떻게 하겠냐고 물었을 때 A씨는 상당히 과장된 반응을 보였어요. 그럴 가능성은 전혀 없다고 말이에요. 왜 그렇게 생각하는지 알려줄 수 있나요?"

"그러니까, 그는 그럴 사람이 아니에요. 모르겠어요. 그는 저에게 고백하지 않을 거라는 생각이 들었어요."

"A씨, 자신감이 없어서인가요?"

"모르겠어요."

A는 감정이 격해졌는지 말을 잇지 못하다 울기 시작했다. 나는 내가 너무 성급하게 몰아붙인 건 아닌가하는 걱정이 들었다. 하지만 직감적으로 그녀에게 무언가 아픔이 있을 것이라는 생각이 들었다. 아마도 A씨는 교제하면서 즐겁지 못한 경험을 했을 수도 있다. 그 결과 잠재의식적으로 남녀관계에 두려움이 있는 게 아닐까. 한참을 울던 A가 입을 열었다.

"병에 걸려 아플 때 그런 생각이 들었어요. 저는 언제든 죽을 수 있는 사람이다. 그런 나는 사랑을 받지 못할 거다. 저는 상대에게 상처만 줄 뿐이에요!"

이것이 진짜 원인이었다. A의 병은 완치되었지만 잠재의식 속에 그녀의 자존감은 극히 낮았다. 그 누구와 사귀지 못하거나 사귀지 않겠다는 생각 때문에 A씨는 남녀 쌍방 중에 불평등한 위치에 있는 것이다.

2010년 7월 18일, 일요일 오후 3~4시, 3차 상담 기록

A는 약속한 시간에 딱 맞춰서 상담소를 찾았다. 이번 상담에서 나는 HTP 검사를 준비했다.

"이번 주는 어떻게 지냈나요?"

나는 습관적으로 안부 인사를 던지며 내담자와 대화를 시작했다. 이것은 상담을 시작하는 나만의 방식이었다.

"특별한 일은 없었어요. 그동안 위썬과 연락하지 못했어요. 출장을 가야 한다며 저한테 전화를 하지 않아서요. 저는 이번 주 내내 어머니를 간호했어요. 어머니가 작은 수술을 했거든요. 다음 주면 퇴원하실 수 있어요. 위썬은 어머니 퇴원날짜에 맞춰 병원에 오겠다고 하지만 시간이 날까 모르겠어요. 그가 바빠서 못 와도 상관없어요. 제가 운전하면 되니까요."

"이번 주는 조용하게 보낸 것 같군요."

"그래요. 갈수록 위썬과의 사이에 더 발전이 없다고 느껴져요."

"결정을 내리기 전에 저와 테스트 하나 해볼까요? HTP 검사라고 해요. 투사 검사라고도 하는데 종이에 집, 나무, 사람을 그려보세요. 그림에서 지금 A씨의 상태를 알 수 있어요."

"좋아요!"

A씨는 상당한 관심을 내비쳤다. 나는 종이 한 장과 펜 외에 크레파스를 건네주고 말했다.

"종이에 집, 나무, 사람을 그려보세요. 단, 자를 사용하면 안 되고 사람을 만화처럼 그린다거나 성냥개비처럼 그리면 안 돼요. 알겠죠?"

"네. 그런데 이 크레파스는 뭐죠? 색칠도 해야 하나요?"

"필요하면 사용하세요. 필요 없으면 그냥 놔둬도 괜찮아요. 색칠하는 걸 좋아하면 쓰라고 드린 거예요."

15분 정도 지나자 A가 그림을 내 앞에 살며시 놓았다. 그림을 전체적으로 보았을 때 그림은 종이 위쪽으로 치우쳐졌다. 그것은 원대한 목표가 있고 자신에게 거는 기대가 높으며 목표를 이루기 위해 노력하고 있다는 걸 의미한다. 그러나 통찰력이 부족하고 공상을 좋아하며 공상 속에서 자기만족을 하려는 경향이 강하다는 뜻도 있다.

또한 자기존재를 불확실하게 여기며 타인과 거리를 유지하고자 하기 때문에 가까워지기 어려운 사람을 의미한다. A는 검은색 펜을 선택해서 그림을 그렸다. 그림의 선은 굵었지만 진하지 않았다. 이는 그녀가 쉽게 굽히지 않으며 결단력이 강하고 하고 싶은 것이 많은 사람임을 보여준다.

집과 나무의 거리가 매우 가까운 점이 인상에 가장 많이 남았다. 집과 나무가 꼭 붙어 있다는 건 A에게 안전감이 결여되어 있다는 걸 의미한다. 이는 그녀가 말한 과거 남자 친구의 관계와 어느 정도 관련이 있다. 두 번째 상담을 할 때 A는 자신이 좋아하는 사람을 그녀의 어머니는 탐탁지 않게 생각한다고 말했다. 당시 그녀의 어머니가 지닌 생각이 그녀에게 중요하게 작용하고 있다고 느꼈다.

A가 그린 나무줄기로 볼 때, 그녀는 충동적이고 변덕이 있는 사람이다. 또한 초조, 긴장, 우울, 억압 등과 같은 감정에 민감하다. 이것은 처음 상담실을 찾았을 때 긴장하던 그녀에게서도 찾아볼 수 있는 특징이다. 나무를 보면 A는 수관에만 녹색을 칠했다. 이는 그녀가 수관을 강조하고 있다는 것을 의미한다.

수관은 억압된 자기감정을 보여준다. 이러한 문제에 부딪히면 이성적인 분석을 하려는 성향이 나타난다. 수관은 개인의 성격을 의미하며 현재의 상태도 알 수 있다. 또한 정신 상태와 인간관계를 강조

하기도 하고 과거를 그리워한다는 의미도 있다.

나무줄기에 비해 상대적으로 큰 수관을 그렸는데 나무줄기가 무성한 잎을 제대로 지탱할 수 있을지 의문이 든다. 이는 이루고 싶은 목표는 많아서 자기에게 바라는 요구치가 지나치게 높다는 의미가 있다. 또한 자기만족을 추구하다 내면의 안정을 무너뜨릴 수 있다. 나무에 나뭇가지는 없지만 잎이 무성하다. 여기서 A는 외적으로는 적응한 상태지만 내적으로는 무기력에 빠져 있음을 알 수 있다.

A가 그린 나무뿌리는 모양으로 봤을 때 사람이나 모임을 주도하고 싶다는 욕구가 있음을 알 수 있다. 또한 뿌리가 밖으로 나와 있다는 것은 계속해서 과거를 끄집어내고 기억하고 있다는 의미이자 자신의 과거를 파악해서 현재 부딪힌 문제를 해결하겠다는 의지도 있음을 말해준다. 그렇기 때문에 A는 직접 심리상담사를 찾아와 과거의 경험을 정리하고 이해하려고 한 것이다.

A가 그린 집을 보면 창과 문이 닫혀 있다. 여기서 그녀는 자폐적인 성향이 있고 자기방어가 강하다는 것을 알 수 있다. 그러나 창을 많이 그린 것을 보면 다른 이들과 교류하고 싶고 외부 환경과 접촉하고 싶은 욕구가 강하다는 것도 짐작할 수 있다. 같은 의미로 A는 외부로 통하는 길을 그렸는데 이는 외부 세계의 정보를 받아들이고 사람들에게 인기를 얻고 싶은 마음을 보여준다. 다만 동그랗게 그린 길은 아이들이 그린 그림에서 흔히 볼 수 있는 것으로 성인이 그렸을 경우 퇴행과 유치한 행동을 암시한다.

HTP 검사 그림에서 사람은 자아를 보여주기 때문에 일부 내담자는 이 부분을 그릴 때 방어적이며 자신의 상태를 의식적으로든, 무의식적으로든 왜곡시켜 표현한다. 하지만 그림에도 내담자가 그린 사람에서 그와 관련된 여러 정보를 알 수 있다.

예를 들어, A는 사람을 그리면서 손과 발은 그리지 않았다. 그리고 신체 부위를 분리해서 그렸다. 심리학에서 인물의 팔은 자아와 환경, 사물과의 관계를 통제하고 있느냐 그렇지 못하고 수동적이냐를 의미한다. 즉 어떠한 힘을 보여준다.

이와 달리 다리는 안정성과 성적 태도와 관련이 깊다. A의 그림에서 팔과 다리가 몸에서 분리되어 있다는 것은 사물 통제가 약하고 안정성을 보장받지 못하고 있다는 것을 의미한다. 또한 손과 발이 없다는 것은 A의 실천력이 부족하다는 의미로 앞서 분석한 집의 지붕에서 그녀가 공상을 좋아한다는 성향과 연관이 깊다.

A는 사람을 아주 단순하게 그렸다. 이것으로 볼 때, 그녀는 나무보다 숲을 중요하게 여긴다는 사실을 알 수 있다. 얼굴에서 입을 강조한 것은 그녀가 의존적이고 성숙하지 않다는 의미를 보여준다. 이와 달리 머리를 단순하게 그리고 장식까지 한 것은 나르시시즘을 말해준다. 사람의 여러 요소 중에 목도 중요한 부위 중 하나다.

목은 몸과 머리를 이어주기 때문에 지성과 감성의 연결을 의미한다. 만일 다른 부위를 모두 그리고 목만 그리지 않았다면 이는 지성과 감성이 분리되었다는 뜻이다. 이러한 상태는 융통성이 부족하고 적응력이 떨어진다는 특징이 있다.

세 번째 상담에서 나는 A와 그녀가 그린 집, 나무, 사람을 놓고 몇 가지 이야기를 나눴다. 이 과정에서 나는 그녀가 자신이 그린 그림을 어떻게 설명하는지 듣고 싶었다. 나는 A에게 물었다.

"A씨는 일상생활에서 자신이 어떤 사람이라고 생각하나요? 생각이 많나요? 아니면 행동으로 옮기는 경우가 많나요?"

"생각을 더 많이 해요. 저는 공상을 잘하는 사람이에요. 예전에는 무슨 일이든 좋은 쪽으로 생각했어요. 그런데 갈수록 예전 같지 않아요."

나는 지붕을 가리키고는 A에게 알려줬다. 이 부분은 그녀가 공상을 좋아한다는 정보를 알려준다고 하자 그녀는 맞다고 했다. 그녀는 그림을 그리면서 지붕은 낭만적인 부분이라고 생각했다는 사실도 알려줬다. 나는 그녀의 말을 듣고 물었다.

"나무와 집이 왜 이렇게 가깝나요?"

"저도 모르겠어요. 그리다보니 이렇게 됐어요. 완성된 그림을 보고 저도 너무 가깝게 그렸구나 생각했어요. 이게 무엇을 의미하나요?"

나는 그녀가 궁금해 하는 부분을 설명했다.

"A씨는 가정에의 의존성이 강해요. A씨의 어머니가 A씨의 친구를 좋아하지 않는다고 말해서 상처를 받았다고 했었죠? A씨는 어머니의 생각을 중요하게 생각하지 않나요?"

"그런가 봐요. 어머니는 저를 키워주셨어요. 자식을 키운다는 건 결코 쉬운 일이 아니죠. 그래서 저는 어머니의 의견을 존중해요."

나는 가설을 하나 설정하고 A에게 물었다.

"어떤 남자가 있는데 A는 싫어하지만 어머니는 결혼하길 원해요. 그렇다면 그 사람과 결혼할 건가요?"

A는 고민도 하지 않고 바로 대답했다.

"그렇겠죠."

HTP 검사를 통해 A에게 심각한 문제, 즉 가정에 너무 의지하는 경향이 있다는 사실을 알게 됐다. 이러한 의존성 때문에 A는 하나의 개체로서 독립성을 유지하지 못했다. 그녀의 의존적인 성향은 끊임없이 미래의 삶에도 영향을 주고 있다. 물론 다른 부분에서도 A와 계속해서 이야기를 나눠야 한다.

2010년 7월 25일, 일요일, 오후 3~4시, 4차 상담 기록

이 날 A는 약속 시간에 맞게 상담소에 왔지만 기분이 처졌었다. 그녀는 내가 자리에 앉자마자 다급하게 말했다.

"그와 끝났어요!"

나는 유감을 표시했다. 이어서 그녀에게 무슨 일이 일어났는지 듣기 위해 그녀가 말할 때까지 기다렸다.

"이번 주 일요일에도 선생님은 어떻게 지냈느냐, 무슨 일이 있었느냐고 물어보겠다 싶었어요. 하지만 그 일이 일어나기 전까지는 특별한 일이 없어서 무슨 말을 할까 고민했어요. 그런데 바로 얼마 전에 큰일이 일어나고 말았어요. 그래서 오늘도 말할 거리가 생겼어요."

A가 심리적으로 무언가를 예상하고 고민하는 모습이 무척 흥미롭게 다가왔다. 이렇게 심리적인 예상을 하는 것이 그녀가 자신과 자신이 놓인 상황을 판단하는 데 어떠한 영향을 주는지 이야기를 나눠보고 싶어졌다. 물론 무엇보다 나는 그녀에게 무슨 일이 일어났는지 듣고 싶었다.

"무슨 일이 일어났는지 알려드릴게요. 그저께 어머니가 퇴원했어요. 그날 위썬이 우리를 찾아왔어요. 저희를 도와 퇴원 수속을 해주기로 했고요."

A는 여기까지 말하고 갑자기 말을 멈췄다.

"좋은 일 아닌가요? 그 다음엔 어떻게 됐나요?"

"어머니는 퇴원을 도운 그에게 식사하고 가라는 말조차도 하지 않고 집으로 돌려보냈어요. 나중에 어머니와 단둘이 식사하는데 그 자리에서 어머는 저에게 절대로 위썬과 교제하지 말라고 하셨어요. 저는 그저 좋은 친구일 뿐이라고 말씀드렸어요."

A는 씁쓸한 표정을 짓고는 말을 이었다.

"그런데 선생님, 어제 위썬이 저에게 고백했어요. 자기 여자 친구가 되어달라고요."

"고백을 받았을 때 어떤 기분이 들었어요?"

"저를 놀린다고 생각했어요. 어떤 기분인지 아시겠어요? 이 사람과는 안 된다, 친구 사이로도 괜찮다. 그렇게 마음을 다잡았는데 그가 갑자기 저를 좋아한다고 고백했어요."

나는 의문이 들어 물었다.

"표시는 안 했더라도 속으로는 기쁘지 않았나요?"

"물론 그랬죠. 하지만 어머니가 반대하기 전에 조금 더 일찍 고백했다면 기뻤을 거예요. 그가 저에게 고백할 거라는 사실을 조금 더 일찍 알았다면 좋았겠지만 이제 우리는 되돌릴 수 없는 사이가 됐어요."

"어머니가 반대하는 가장 큰 이유가 무엇인지 알려줄 수 있나요?"

A는 이미 결혼 적령기를 넘겼다. 게다가 부모의 허락을 받고 연애

를 할 나이도 이미 지났다. A는 한숨을 지었다.

"나이 때문이에요. 위썬은 저보다 스무 살도 더 많아요. 이혼 경력도 있고요. 아들은 미국에서 유학 중이에요. 우리 사이는 축복받지 못하겠다는 걸 처음부터 알고 있었어요. 하지만 그가 저를 대하는 걸 보면 그의 곁을 떠날 수가 없어요. 이런 감정을 어떻게 설명해야 할지 모르겠어요."

A는 갑자기 펑펑 울었다. 그녀는 안전한 곳에서 자신이 받은 억울함과 아픔을 모두 분출하고 싶어 했다. 상담을 마치고 나는 그녀에게 처음 상담을 하려 했던 이유를 기억하냐고 물었다.

"처음에는 그와 어떻게 해야 관계를 이어갈 수 있을지 상담을 받고 싶다고 했었죠. 저는 연애에는 젬병이니까요. 그렇게 조심했는데 생각지도 못하게 그와 관계가 깨져버렸어요. 그가 저에게 용기를 내 고백할 줄은 정말 몰랐어요. 그리고 그가 한 고백 때문에 우리의 관계가 끊나버릴 줄은 더더욱 상상도 못했어요."

나는 A와 다음 주 일요일에 이어서 상담하자고 약속했지만 그녀가 다시 올 거라고 확신하기 어려웠다. 나는 그녀가 그녀의 어머니에게 이 정도로 얽매여 있을 줄은 생각도 못했다. 게다가 상담사와 내담자 관계인 나와 그녀의 관계를 내가 너무 지나치게 높게 평가했다는 사실을 깨달았다. 이것이 이번 상담에서 발견한 변화였다.

2010년 8월 1일 일요일, 오후 3~4시, 5차 상담 기록

"다시 만나서 반가워요. 오늘은 좋아 보이네요."

한결 편안해 보이는 A에게 무슨 일이 있었는지 궁금했다. A는 씩 웃고는 말했다.

"그냥 그래요! 슬픈 건 슬픈 거고 앞으로 잘 살면 되는 거죠!"

"최근 2주 동안 무슨 일이 있었는지 제게 알려줄 수 있나요?"

"2주 동안 집에서 이것저것 생각을 많이 했어요. 저는 위썬을 진정으로 사랑하지 않았어요. 지난 2주는 그걸 깨닫는 시간이었어요. 저에게 잘해주는 그를 좋아했을 뿐이에요."

나는 미소를 짓고는 A의 이야기를 계속해서 들었다.

"외국에서 만난 남자 친구도 그렇고 두 번째 남자 친구도 그렇고 세 번째 남자 친구와 위썬도 모두 공통점이 있었어요."

A는 한숨을 쉬고는 다시 말을 이었다.

"그들은 모두 저에게 지극정성으로 잘해줬어요. 저는 그들의 배려를 거절할 수가 없었던 거예요."

"잘 생각했어요. 정리를 잘하는 사람은 가던 길에서 넘어져도 꾸준히 앞으로 나아가죠."

나는 A를 격려했다. A는 이야기를 이어갔다.

"심리학 서적을 읽으면서 몇 가지 사실을 깨달았어요. 제 연애는 어릴 적 받지 못한 아버지의 사랑과 관련이 있을 거예요. 저는 아버지를 찾고 있었나 봐요."

"아버지와 관련된 기억이 있나요?"

"어머니 말로는 아버지는 쓸모없는 사람이었대요. 게으르고 열심히 노력하지도 않았고요. 두 분이 함께 사업을 할 때 아버지는 고생하는 어머니를 돕지도 않았나 봐요. 나중에는 도박에 빠져서 큰 빚도

졌고요. 이러한 이유로 어머니는 아버지와 이혼했어요. 그래서 저는 아버지에 대한 기억이 별로 없어요. 두 분이 이혼할 때 저는 겨우 한 살이었거든요."

"당신의 아버지가 이런 모습이었으면 하고 머릿속에 그려본 적이 있나요?"

"없어요. 아버지란 존재를 별로 생각해본 적이 없어요."

"가족 중에 외삼촌 등 다른 남자가 있었나요?"

"아니요. 어릴 적 어머니는 일 때문에 바빠서 이모가 저를 돌봐줬어요. 맞아요. 이제 생각이 났어요. 지난번에 했던 HTP 검사 결과를 아직 다 듣지 못했어요."

의도적인지는 몰라도 A는 내 질문을 피하는 화제를 꺼냈고 더 이상 대화 내용에 진전이 없었다. 조금만 더 자신의 내면을 보여주었다면 문제 해결의 실마리가 보일 것 같았는데 아쉬움이 남았다.

이후 지도 교수는 A와 15회에 걸쳐 상담을 했다. 상담 기록에는 매번 진행했던 상담 내용이 상세하게 기록되어 있었다. A는 어릴 적부터 남성의 역할이 결여된 가정에서 자랐기 때문에 성장과정에서 부성애를 느끼지 못했다. 부성애는 아이들이 성장하는 데 매우 중요한 요소다.

어릴 적에는 어머니라는 개념만 있지만 커갈수록 아버지나 가족 중 남성들과 접촉하면서 아버지의 존재를 깨닫는다. 이 시기에 부성애는 아버지뿐만이 아니라 가족 중에 다른 남성에게도 받을 수 있다. 이 과정은 한 시기에서 끝나지 않고 이어지는 시기와 과정에 영향을 준다.

A에게는 성장과정에서 이 단계가 결여되어 있었기 때문에 그 동안 남녀관계를 풀어나가는 방법을 찾지 못했다. 게다가 어머니에게 너무 의존하기 때문에 A는 독립적인 인간으로 살기 어려웠다.

그녀는 내적으로는 숨을 쉬기 힘들 정도로 억압받았다. 그래서 결국에는 위썬과의 관계도 끝내고 말았다. 근본적으로 말하면, A는 어머니와 감정적으로 완전히 분리되지 못했기 때문에 어머니의 감정을 따르고 있었던 것이다.

상담 기록을 본 후, 나는 예전에 나를 찾아왔던 내담자가 떠올랐다. 그는 26세 남성으로 자신에게 주어진 일을 제대로 처리하지 못해 힘들어하다 상담을 받으러 왔었다. 특히 그는 돈 관리를 전혀 할 줄 몰라서 아무리 벌어도 늘 빚에 쪼들렸다. 그는 자기 일에 책임질 줄 아는 남자가 되고 싶다고 말했다.

지금 생각해보니 그 역시 아버지라는 역할이 결여된 가정에서 자랐다. A와 마찬가지로 그는 성장하면서 가정에서 남성을 만날 기회가 없었다.

1년 후, A는 지도 교수를 다시 찾아와 25회에 걸쳐 상담했다. 이와 관련된 내용은 가족의 대물림이라는 주제와 관련 있다.

"지난번 상담을 받은 이후 저와 어머니의 관계에 많은 변화가 있었어요. 어머니에게 제 바람과 생각을 말할 줄도 알게 되었고요."

당시 그녀는 자신보다 2살 어린 노르웨이 사람과 교제 중이었다. 사업과 생활 관념이 A와 많이 달랐기 때문에 이 문제를 해결하기 위해 지도 교수에게 상담을 받으러 왔다. 그녀는 물거품처럼 관계가 끝나 버릴까봐 노심초사했다.

"저는 충동적인 성격을 고칠 수가 없나 봐요. 그와 헤어지고 싶은 마음이 자꾸 들어요. 그래서 상담을 받으러 왔어요. 어떻게 하면 충동적인 성격을 억제할 수 있는지 알고 싶어요. 저는 이런 행복을 누릴 자격이 없어서인가 봐요! 선생님, 저는 왜 자꾸 이런 생각을 할까요?"

A는 한숨을 쉬고는 말을 이어갔다.

"남자 친구와 또 싸웠어요. 이러다가는 또 다시 관계가 끝나버리겠어요. 저는 제 자신을 통제하지 못해요. 아주 사소한 일도 자꾸 일을 키워서 관계가 점점 악화 돼요. 그러니 마지막은 이별이죠."

나는 기록 파일에서 A가 했던 말들을 유심히 읽었다. 대화 내용이 생생해서 마치 그녀가 내 앞에 있는 것만 같았다. 당시 A는 지도 교수와 문제의 원인을 찾기 위해 노력했다. 지도 교수가 기록한 내용을 보면 A가 상담을 받은 날은 맑고 쾌청한 오후였다. 지도 교수가 A에게 물었다.

"외할머니와 어머니의 이야기를 저에게 들려줄 수 있나요? A씨가 예전에 두 분 모두 능력이 뛰어난 여성이라고 했어요."

A는 다른 사람의 이야기를 하듯 담담하게 이야기를 시작했다.

"외할머니는 가정 형편이 많이 어려웠어요. 3년 동안 연이어 자연재해가 일어나 외할아버지는 배를 곯다 돌아가셨대요. 그 당시 외할머니는 어머니를 임신한 상태였어요. 가난을 못 이긴 외할머니는 재가하셨어요.

그 후 외할머니와 새 외할아버지 사이에 딸 세 명이 더 태어났대요. 새 외할아버지는 줄곧 아들을 원했지만 그 뜻을 이루지 못하셨죠. 어머니 말로는 어릴 적에 고생을 많이 하셨대요. 학교를 다니면서 외할머니 일을 돕고 세 여동생도 돌봐야 했으니까요. 새 외할아버지는 술에 취해 집으로 돌아오면 늘 딸들을 때렸어요. 아들이 아니라서 딸들이 미웠나 봐요.

그러던 어느 날, 새 외할아버지는 집을 나가서 영영 돌아오지 않았어요. 그 후 외할머니는 이를 악 물고 홀로 어머니와 세 이모를 악착같이 키우셨어요. 어머니는 어릴 적부터 가난에 허덕여서인지 무조건 돈을 벌겠다고 다짐했대요. 그래서 아버지와 결혼한 후 공장을 차렸어요."

어머니에 관한 이야기는 전에도 짧게나마 들었기 때문에 그리 낯설지 않았다.

"하지만 아버지는 너무 무능력했어요. 게을렀고요. 그래서 공장 일을 모두 어머니가 도맡아 해야 했어요. 이후 집안 형편은 갈수록 좋아졌어요. 저는 어머니 덕분에 원하는 건 모두 가질 수 있었어요.

외할머니와 어머니는 생활력이 뛰어나셨지만 여자로서 불행한 삶을 살았어요. 그런데 말이에요. 외할머니나 어머니는 저와 비슷한 데가 많아요. 그래서인지 아무리 노력해도 행복하지 못할 거라는 생각이 자꾸만 들어요."

지도 교수는 A의 말을 듣고 말했다.

"이런 불행은 가족의 대물림과 유사하군요."

A는 지도 교수의 말을 인정했다.

"맞아요. 이런 대물림은 우리 집안 여성의 운명이에요. 시대는 다르지만 저도 외할머니와 어머니가 걸었던 길을 걷고 있어요. 지금은 행복해도 언젠가는 어머니처럼 살 거란 생각이 들어요."

"두 외할아버지와 아버지를 어떤 사람들이라고 생각해요?"

"나약하고 쓸모없는 남자요."

지도 교수는 이어서 물었다.

"지금 A씨의 남자 친구는 어떤 남자인가요?"

"괜찮은 사람이에요. 낭만적이고 저에게 신경도 많이 써줘요. 하지만 다툼이 일어나면 저는 그를 받아들이기가 어려워요. 그는 노력하지 않는 사람 같아요. 마치 ……."

A는 잠시 말을 멈추고 무언가 생각하고는 결심이 섰는지 말을 이었다.

"마치 아버지 같아요. 제가 이런 생각을 하고 있다니! 왜 그런 걸까요?"

지도 교수는 A에게 설명해줬다.

"어머니는 자신의 어머니가 불행하게 산 삶을 보고 자랐어요. A씨도 마찬가지로 어머니가 불행하게 산 삶을 보면서 자랐고요. A씨가 어머니 감정에 얽매여있다는 문제를 두고 우리가 이야기를 나눴던 때를 기억하나요? A씨는 어머니의 영향을 많이 받았어요."

A는 지도 교수의 말을 인정했다.

"네, 그랬어요. 지금은 전보다 좋아졌지만 여전히 어머니의 기분을 많이 살피게 돼요."

"그래서 A씨는 행복을 바라기보다는 행복에 어울리지 않는다고 생각하고 있어요. 행복해지면 어머니에게 미안한 마음이 들기 때문이에요."

A는 지도 교수의 말을 듣고 무언가 크게 깨달은 듯한 표정으로 교

수의 말에 귀를 기울였다.

"당신은 우리 집 여자들은 '행복할 자격이 없다'는 부정적인 생각을 대물림하고 있어요. 자신은 행복과 어울리지 않는다고 생각하고 있기 때문에 매번 행복할 수 있는 기회가 와도 충동적으로 그 행복을 깨고 있어요."

"네, 정말 그래요. 남자 친구와 다툴 때마다 제가 먼저 헤어지자고 말해요. 극단적인 생각까지 할 때도 있고요. 이제야 제가 왜 그랬는지 이유를 알겠네요."

"맞아요. 스스로 어려운 상황을 만들어서 자신은 행복을 누리지 못한다는 생각을 증명하려고 해요. 외할아버지와 아버지를 어떻게 생각하는지 지금 다시 말해보세요."

A는 잠시 생각하고는 말했다.

"어머니와 외할머니는 팔자가 사나워서 그 분들에게 시집간 게 아니에요. 그들도 처음부터 나약하고 무능한 남자는 아니었겠죠. 이것은 행복과 어울리지 않는다는 생각의 대물림 때문에 일어난 고통이에요."

A의 상담 기록은 거의 40회 정도에 이르렀다. 남녀관계에 어려움을 느끼던 그녀가 마지막에는 자신이 불행한 이유를 깨닫고 진정한 행복을 찾게 되어서 나는 무척 기뻤다. 잠재의식 속에 깊이 뿌리내린 고정관념에서 벗어나 자아정체성을 찾고 자신은 행복을 누릴 가치가 있다고 믿는다면 우리는 언제라도 인생에서 전환점을 맞이할 수 있다.

HTP 해석

A의 그림

- 그림이 전체적으로 종이의 위쪽에 치우침 : 원대한 목표, 통찰력 부족, 공상
- 나무줄기 : 충동적, 변덕, 초조, 긴장, 우울,억울
- 녹색으로 칠한 큰 수관 : 수관 강조, 이루고 싶은 목표치가 많음,
- 나뭇가지 없이 잎만 무성 : 내적 무기력
- 닫힌 문과 창문 : 자폐적
- 많은 창문 : 외부 환경과 접촉하고 싶은 욕구

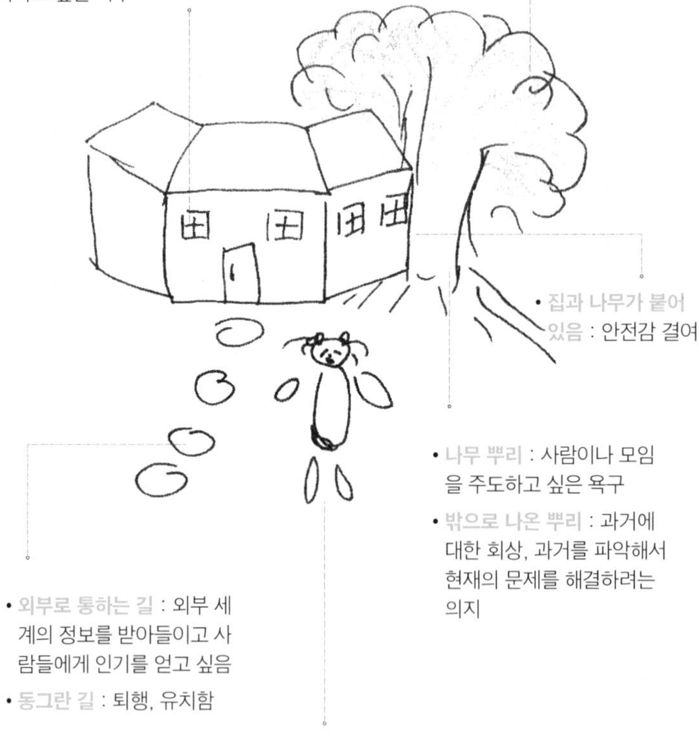

- 집과 나무가 붙어 있음 : 안전감 결여
- 나무 뿌리 : 사람이나 모임을 주도하고 싶은 욕구
- 밖으로 나온 뿌리 : 과거에 대한 회상, 과거를 파악해서 현재의 문제를 해결하려는 의지
- 외부로 통하는 길 : 외부 세계의 정보를 받아들이고 사람들에게 인기를 얻고 싶음
- 동그란 길 : 퇴행, 유치함
- 몸에서 분리된 팔 다리 : 사물 통제가 약하고 안정성을 보장받지 못함
- 손과 발이 없음 : 실천력 부족
- 입을 강조 : 의존적, 미성숙
- 머리 장식 :나르시시즘
- 목 없음 : 지성과 감성의 분리, 융통성, 적응력 부족

제12장

거짓말 속 삶도 괜찮아

큰 인기를 얻었던 미국 드라마 〈라이 투 미(Lie to Me, 2009. 1. 21)〉는 특수 심리분석에 종사하는, 조금 더 자세하게 말하자면 미세표현연구를 하는 주인공과 관련된 이야기가 주요 내용을 이룬다.

그는 사람의 미세한 표정을 통해 사람들이 진실을 말하는지, 거짓말을 하는지 정확하게 분석해낸다. 그러나 나는 이것이 현대사회를 사는 사람들의 교류에 긍정적인 작용을 한다고 생각하지 않는다. 다른 사람과 소통할 때 듣기만 하거나 방관자적인 태도로 임한다면 그 관계는 진실되지 않으며 신뢰를 쌓을 수 없기 때문이다.

공상은 공짜

나는 우리 집 아래에 있는 맥도널드에서 샤오허를 알게 됐다. 어느 날, 오전 시간이 나서 맥도널드에서 아침을 먹으며 여유로운 시간을 즐기고 있을 때였다.

그때 한 남자가 갑자기 다가오더니 대뜸 햄버거를 사줄 수 있느냐고 물었다. 나는 초면에 낭낭하게 햄버거를 사날라는 그를 보고 당황했다. 20대 초반으로 보이는 그는 짧은 스포츠머리에 손에는 검은색 서류 가방을 들었다. 단정하고 말끔한 옷을 입은 모습은 분주하게 출근하는 여느 샐러리맨과 다르지 않았다.

나는 햄버거를 사주고는 내 자리에서 같이 먹자고 했다. 내 앞에 앉은 그는 두 세 입 만에 햄버거를 해치워버렸고, 햄버거를 먹는 동안 함께 주문한 커피는 한 모금도 마시지 않았다. 나는 호기심이 들어 그에게 물었다.

"이 시간에 출근 안 하고 왜 여기에 있나요?"

"그만 뒀어요. 좋은 사람처럼 보이니 한 가지 사실을 알려줄게요. 단, 제가 하는 모든 말이 다 진실이라고는 생각하지 마세요."

나는 그의 말에 더 호기심이 발동했다.

"상관없어요. 우린 그저 우연히 만나 사이잖아요. 진실을 말해도 별로 손해 볼 건 없을 거예요. 이걸 계기로 어쩌면 당신에게 기회가 생길 지도 모르죠."

샤오허가 내게 물었다.

"무슨 기회요?"

나는 미소 띤 얼굴로 말했다.

"진실을 말할 기회요."

잠시 후 샤오허가 말했다.

"저는 3개월 째 실업자로 살고 있어요. 하지만 가족에게 아직 말도 못했어요. 어머니가 이 사실을 알면 하루 종일 저에게 잔소리할 거예요. 하지만 이건 아무것도 아니에요. 삼시세끼를 흰죽으로 버텨야할지도 몰라요."

"너무 과장된 얘기 같군요."

"실제로 그럴 거예요. 그래서 저는 회사에서 잘렸다는 말을 감추고 계속 일하고 있다고 생전 처음으로 거짓말을 했어요. 회사가 저를 자를 때 한 달 치 월급을 더 지급했어요. 그 돈을 반으로 나눠 가족에게 두 달 동안 생활비를 줬어요. 하지만 곧 한 달이 지나가요. 어머니에게 생활비를 줘야 하는데 아직 일자리를 찾지 못했어요."

"그럼 이제 어떻게 해요?"

"예전 동료에게 돈을 조금 빌렸어요. 하지만 미봉책에 불과해요. 얼른 일을 찾아야죠."

나는 실업자인 그의 생활에 흥미가 생겨서 물었다.

"샤오허 씨, 평소에 어디에 가세요?"

"드라마에 나오는 실업자들처럼 매일 회사에 가는 척 하고 나와 맥도널드에 와요. 처음에는 세트메뉴를 먹었어요. 그러다 돈이 부족해져서 콜라 한 잔만 겨우 마셨어요. 지금은 콜라 마실 돈도 없는 빈털터리 신세고요. 이제 하루에 콜라 한 잔 마시는 것도 저에게는 큰 부담이에요."

샤오허는 실업자가 되어 갈 곳 없이 방황하는 처량한 신세와 대비

되게 담담했다. 이야기하는 내내 그의 표정은 평온했고 웃음을 머금었다. 생활에 치여 코너에 몰린 사람 같지는 않았다. 내가 그에게서 받은 느낌을 말하자 그는 의외라는 듯 이야기를 이어갔다.

"매일 오후를 어떻게 보내고 있는지 상상도 못할 거예요. 저는 여기에 앉아 사장이나 성공한 인사가 된 제 모습을 상상해요. 저는 잠시 휴식시간을 갖기 위해 일을 그만두고 맥도날드에 와서 게으름을 피우고 있다고 자기최면을 걸고는 해요.

때로는 오랫동안 연락 안 한 동창을 만났을 때 그들에게 여유를 즐기는 척하는 모습을 상상하기도 하죠. 그 친구들은 그런 저를 부러워해요. 오늘은 사무실에서 무슨 일이 일어났는지 상상하고는 집에 가서 어머니에게 들려드려요. 마치 진짜 일을 하고 온 것처럼 말이에요.

그런데 말이죠, 이런 삶도 쉬운 건 아니에요. 예전에 무슨 거짓말을 했는지 기억 못 해서 난감할 때도 있으니까요. 이렇게 살다보니 거짓으로 만든 세계와 현실을 구분하지 못하고 무엇이 진짜인지 헷갈릴 때가 있어요."

"일 외에 또 어떤 거짓말을 했나요?"

이유는 모르겠지만 내 앞의 청년을 도와주고 싶었다. 샤오허가 대답했다.

"어머니가 저에게 여자 친구가 있냐고 물어보면 1년 넘게 교제한 여자 친구가 있다고 속여요. 사실 저는 방 한 칸 얻을 수 없는 초라한 처지라 여자 친구가 있을 리 없죠. 게다가 매달 월급의 반을 어머니에게 드리고 있으니 여자 친구에게 쓸 돈이 있을 리 없잖아요?"

그는 이 말을 하고서야 식은 커피를 한 모금 마셨다.

"하지만 공상을 하는 데는 돈이 들지 않아요. 상상 속 여자 친구와 만나다보면 진짜 제 곁에 그녀가 있는 것만 같아요. 매주 주말이면 그녀와 만나 최신 할리우드 블록버스터 영화를 보고 다음 주에는 동물원에 가서 낙타를 타기도 하죠. 제가 원하면 언제든지 아프리카에 가서 동물들이 이동하는 멋진 모습도 볼 수 있어요."

나에게 샤오허의 말은 새로운 세상이었다. 젊은 사람들도 나름 스트레스가 많다는 이야기를 듣긴 했지만 이 정도로 클 줄은 전혀 몰랐다. 나는 그에게 그림게임을 하지 않겠냐고 물었다.

거짓말 속 삶이 언젠가 현실이 되길

"종이에 집, 나무, 사람을 그려보세요. 사람을 만화처럼 그리거나 성냥개비처럼 그리면 안 돼요. 다른 요소를 그리고 싶다면 생각나는 대로 그려보세요."

그는 왜 내가 이런 요구를 하는지 의아해했다. 그림을 못 그린다고 여러 차례 말하면서 거부했다. 그런 그에게 나는 심리 분석을 해볼 수 있는 게임이라며 그림 실력은 전혀 상관없다고도 알렸다. 그제서야 샤오허는 그림을 그리기 시작했다.

"저에게 아침식사를 사주셨으니 그림 그려볼게요. 집, 나무, 사람만 그리면 되는 거니까요."

15분 후, 그는 나에게 그림을 보여줬다. 나는 그에게 그림 속 두 사람은 누구냐고 물었다. 그는 왼쪽은 자신이고 오른쪽은 친구라고 알려줬다.

"친구는 여자인가요? 남자인가요? 방금 전 긴 머리를 그리는 걸 봤어요."

"남자예요. 잘못 그렸어요."

"지금 거짓말하고 있죠?"

그는 더 이상 거짓말을 하지 않고 솔직하게 인정했다.

"속일 수가 없군요. 속으로 여자를 생각하며 그렸어요. 하지만 현실에서는 불가능한 일에요. 누가 저 같은 사람과 사귀겠어요."

"이 친구는 우리를 등지고 있는 거죠?"

내 말에 샤오허가 물었다.

"네. 무슨 의미가 있나요?"

"샤오허 씨는 이 친구를 명확하게 알고 있진 않군요. 집이 살짝 기울어져 있다는 건 가정이 안정적이지 않다는 의미예요. 기와와 굴뚝은 안전감 결여고요."

내가 하는 말을 그가 이해하는지 알 수가 없었다. 그는 잠시 침묵을 지키다 말했다.

"저희 집은 다른 가정과 달라요. 가족이 생계를 저에게 의존하고 있어요. 아버지는 전신마비로 오랫동안 병원에 입원해서 어머니가 매일 돌보러 가세요. 예전에 동료들이 저희 가정에 대해 물어본 적이 있는데 솔직하게 알려주지 않았어요."

"어려운 얘기를 꺼내게 해서 미안해요."

나는 이런 이야기를 들을 줄은 생각도 못했다. 샤오허는 내 말을 듣고는 웃는 얼굴로 말했다.

"뭐가 미안해요? 아버지가 입원해 계신 거랑 당신이랑 무슨 관계가 있다고요."

샤오허는 거짓된 삶을 살았다. 나는 진심으로 그가 언젠가는 더 이상 거짓말이 필요 없는 삶을 살게 되길 바랐다. 그의 그림은 단순했지만 그가 얼마나 밝은 사람인지 알 수 있었기 때문이다. 그리고 나 또한 누군가의 인생에 좋은 영향력을 줄 수 있는 일이라면 하지 않을 이유가 없다는 생각이 들었다.

"마침 우리 상담소에 일을 도와줄 비서가 필요해요. 상담에 관한 지식이 필요한 일인데 관심 있으면 전문 지식을 배워보세요. 그러면 제가 일할 수 있는 기회를 줄게요. 비록 급여가 많지는 않아도 전망은 좋아요. 열심히 배운다면 직업적으로 꽤 괜찮을 거예요."

나는 이 말을 마치고 놀란 표정을 짓고 있는 샤오허를 바라봤다. 오늘 아침, 그는 햄버거뿐만 아니라 이런 횡재까지 만날 거라 꿈에도 생각을 못 했을 것이다. 그 날로 나에게는 비서 한 명이 생겼다.

HTP 해석

샤오허의 그림

- 기와와 굴뚝 : 안전감 결여
- 여자로 그렸다 지운 사람 : 명확하게 이 사람을 알지 못함
- 기울어진 집 : 불안정한 가정

Part 2

HTP 검사 사용 가이드

그림으로
심리학 검사
따라잡기

제1장

• • •

HTP 검사의 기본 이론과 응용 범위

1.1 HTP 검사의 기본이론

HTP는 심리학자 존 벅(John Buck)이 개발한 심리검사다. 1948년 '나무 실험' 방법을 통해 처음으로 이 검사를 만들었다. 당시 HTP 검사는 피검사자가 종이 세 장에 집, 나무, 사람을 따로 그리는 것으로 시작했다. HTP 검사는 이름에서도 알 수 있듯이 집(House), 나무(Tree), 사람(Person) 이 세 가지 요소를 바탕으로 하기 때문에 줄여서 HTP라고 부른다. 이 세 요소는 지금까지도 주요 요소로 꼽힌다.

HTP 검사의 발전사를 보기 위해서는 또 다른 학자 로버트 번(Robert C. Burn)을 살펴봐야 한다. 그는 이전 학자들의 이론을 기초로 하면서 동작성을 가미한 HTP 검사를 제시했다. 로버트는 집, 나무, 사람을 종이 한 장에 그린 그림에서 세 요소의 상호작용과 그 관계를 분석했다. 예를 들어, 집과 나무의 거리, 나무와 사람의 거리 등이 해당된다. HTP 검사는 세 장에서 한 장까지 집, 나무, 사람 사이의 상호작용을 체계적으로 보여줄 뿐만 아니라 인내심 없는 일부 피검사자들에게 빠른 결과를 알려줄 수 있으며 부정적인 감정을 크게 완화시켜 준다는 장점이 있다.

HTP 검사는 발전과정을 거치면서 형식에도 변화가 일어났다. 특히 색채심리학자와 결합하면서 크게 발전을 이뤘다. 피검사자는 연필을 사용하거나 색연필로 색을 채워 넣을 수 있다. 상담사는 그림과 색채까지 포함해서 해독하고 분석한다.

심리학에서 HTP 검사의 원리는 무엇일까? HTP 검사는 심리투사검사에 속하기 때문에 피검사자는 집, 나무, 사람 등에 어떠한 의미가 담겨 있는지 알 수 없다. HTP 검사와 로르샤흐 테스트(Rorschach Test)와 주제통각검사(Thematic Apperception Test) 등은 유사한 부분이 있지만 완벽하게 일치하지는 않는다.

공통점으로는 피검사자가 숨기지 못하는 개인의 잠재의식이 담고 있는 내용까지 다루고 있다는 점을 꼽을 수 있다. 잠재의식에 관해서는 심리학 창시자 지그문트 프로이트(Sigmund Freud)를 언급하지 않을 수 없다. 그는 사람의 정신적인 활동을 서로 다른 의식차원으로 나눴다. 여기에는 의식, 전의식과 잠재의식이 포함되는데 두께가 다른 지구의 지각과 비슷하다고 보면 된다. 프로이트는 잠재의식은 의식과 전의식에서 억압을 받거나 의식되지 않은 심리활동이라고 보았으며 인간은 더 깊고 더 은밀하고 더 원시적이고 더 근본적인 심리적 에너지라고 했다. 다시 말해서, HTP 검사는 피검사자가 가장 깊은 곳의 의식적으로 인식하지 못한 가장 원시적인 심리적 에너지를 표출시킨다.

여기서 혹자는 이러한 심리적 에너지와 일상생활이 무슨 관계가 있느냐고 묻는다. 예를 하나 살펴보면 쉽게 이해가 될 것이다. Part1 제1장에서 필자가 직업 선택을 두고 망설였다는 사실을 아직 기억하고 있는가? 직업적인 부분에서 분석을 하면 어느 것이 더 나은 것인지 비교하기 어렵다.

그러나 시각을 바꿔서 '네가 원하는 것이 도대체 뭐야?'라고 물어볼 수 있다. 이 경우, 대다수 사람은 자신이 진정으로 원하는 것이 무엇인지 알지 못한다. 하지만 원치 않는 것이 무엇인지는 잘 알고 있을 것이다. 불쾌한 느낌이 드는 것은 당연히 원하지 않는 것이다. 그렇다면 무엇을 원하고 있는 걸까? 결정을 할 때 대는 이유 저편에 숨겨둔 충동, 망설임은 심리적 에너지의 지배를 받는다. 이러한 지배는 의식 속에 숨어 있기 때문에 쉽게 자각할 수 없지만 우리가 하는 모든 결정에 영향을 준다.

다른 투사 검사와 다른 점은 HTP 검사는 비언어적이라는 데 있다. 물론 이는 HTP 검사가 언어적인 소통을 하지 않는다는 의미가 아니다. 주로 집중되는 부분이 피검사자가 그린 그림에 있기 때문에 비언어적이라고 보는 것이다. 그림은 피검사자의 인격적인 특징 중에 감수성, 성숙도, 융통성, 효율성과 종합성 등과 관련이 있으며 일정 정도 창조성과 지능 등과도 연관이 있다.

HTP 검사를 통해 피검사자의 심리 상태를 투사하여 체계적으로 잠재의식을 표출할 수 있다. 피검사자는 이를 통해 잠재의식을 거쳐 자신의 동기, 감상, 견해 및 과거의 경험이 현재에 미치는 영향을 이해할 수 있다. 그 결과 사건의 본질을 이해하고 자신과 외부세계의 접촉과 생활방식까지 조정할 수 있다.

따라서 HTP 검사는 일상생활을 어느 정도 이끌고 참조하는 기능이 있다. 이 역시 심리 임상에서 HTP 검사를 주로 채택하는 이유다. HTP 검사는 간단하지만 효과가 뛰어나므로 많은 사람들이 사용하기 바란다. HTP 검사를 통해 소통의 노하우를 익힌다면 사람들은 내재된 잠재의식과 대화하면서 더 나은 자신을 만들어갈 수 있다.

1.2 집, 나무, 사람의 적용 범위

집, 나무, 사람의 적용 범위는 심리학의 전문 영역과 비전문 영역으로 나눌 수 있다. 편리하고 결과를 빨리 알 수 있기 때문에 HTP 검사는 심리학 분야에서 자주 활용되고 있다. 적용 범위는 다음과 같다.

1. 검사 대상에 따른 구분

HTP 검사는 개인뿐만 아니라 집단에도 적용이 가능하다. 이는 심리상담사의 활동이 지닌 개체성, 집단성과 서로 잘 맞는 부분이다.

2. 사용범위에 따른 구분

HTP 검사는 조사선별의 도구이자 정신건강과 관련된 조사 도구로 사용되며 집단 중에 문제가 있는 사람을 골라 검사한다. 또한 심리상담사의 진단 도구로써 환자의 임상과 진단 중에 인격적인 부분의 정보를 제공해준다. 이와 함께 치료의 도구로써 아트 치료를 통한 정신질환의 회복을 돕는다. 이 밖에도 HTP 검사가 제공하는 정보는 일상 상담에서 상담사가 내담자와 소통을 하는 데 참조 자료가 된다. 또한 부부관계, 부모와 자녀의 관계에서 비롯되는 문제를 해결하는 데 사용되기도 한다.

전문적인 심리상담사가 아닌 일반인의 경우에 HTP 검사를 어떻게 활용할 수 있을까? 일상생활에서 HTP 검사는 매우 좋은 생활 관찰자가 될 수 있게 해 준다. 즉 집, 나무, 사람 이 세 가지가 담고 있는 의미를 해석하면 삶을 살아가는 데 중요한 길을 찾을 수 있다.

비전문적 영역의 경우에 해당하는 경우로 일상생활 중 다음과 같은 상황에서 HTP 검사를 해볼 수 있다.

1. 개별적인 환경에서 HTP 검사하기

① 개인이 문제에 부딪히거나 선택의 기로에 서 있을 때

오랫동안 고민했지만 결정하지 못하는 경우가 있다. 예를 들어, A가 좋을지 B가 좋을지, A가 당연히 좋지만 마음속에서는 여전히 B를 원하고 있거나 어느 것이 좋은지 도무지 알지 못하는 경우들이 있다. 이때 어떤 이들은 타로나 점을 보지만 여기서 얻은 답들이 정말 마음속으로 자신이 원하는 것일까? 내면의 소리를 듣고 싶다면 종이와 펜을 꺼내들고 집, 나무, 사람을 그린 후 해석을 통해 관련 정보를 알아보자. 그러면 자신이 현재 처한 문제의 원인이 무엇인지 보인다.

② 친구가 도움을 구할 때, 어려움을 토로할 때, 조언을 구할 때

친한 친구가 찾아와 좋은 생각을 구하거나 의견을 듣고 싶어 할 때 어디서부터 도와줘야 할지 모르겠다면 친구에게 종이에 집, 나무, 사람을 그리라고 해보자. 친구가 그린 그림을 통해 그가 의식하지 못했던 문제를 알 수 있다.

③ 안 지 얼마 안 된 남자 친구나 여자 친구와 데이트를 할 때

처음 데이트를 할 때 서로에게 호감을 느끼지만 어디서부터 알아가야 할지 난감하다. 직업이나 취미생활은 너무 뻔한 이야기 주제니 신선한 주제가 필요하다. 진정으로 어떤 사람인지 알고 싶다면 HTP 검사를 해보자. 상대방의 마음속에 그리는 이상적인 가정은 어떤 가정인지 알 수 있다.

2. 단체 환경에서 HTP 검사하기

① 오랜만에 친구들과 모임에서 만나 서로의 근황을 이야기한 후 더 이상 이야기 거리가 없을 때

HTP 검사는 다수의 사람들에게도 실용적인 검사다. 오랜만에 모임에서 친구를 만나면 옛날이야기를 나누거나 보드게임을 하는 게 전부일 때가 있다. 이때 HTP 검사는 친구들과 이야기를 나눌 수 있는 좋은 수단이 된다. HTP 검사를 게임으로 생각하고 서로 검사를 해주면서 각자의 생각과 견해를 들어볼 수 있다. 단, 여기서 주의할 점은 이것은 투사 검사이기 때문에 같은 사건이라도 사람마다 견해

와 생각이 다를 수 있음을 명심해야 한다.

② 전문적인 HTP 검사활동조직을 만들어 조직 내에서 소통하고 토론할 때

일부 사람들은 현재의 생활에 불만이 있지만 바꿀 방법을 찾지 못한다. 이때 전문 심리상담가 여는 HTP 검사활동에 참여하여 그 안에서 토론을 해보기를 권한다. 단체 토론의 형식으로 진행되기 때문에 필요한 경우, 개인 상담하는 자리를 마련하여 심층적인 분석을 할 수도 있다.

제2장

테스트 방법

2.1 테스트 가이드

검사를 하려면 우선 피검사가 종이에 집, 나무, 사람 이 세 요소를 먼저 그려야 한다. 피검사자가 그린 집, 나무, 사람에는 구체적인 지시가 없기 때문에 어떠한 집, 나무, 사람을 그려야 한다는 제한이 없다. 집의 크기, 유형, 표현방법과 나무의 종류, 크기, 수령의 표현방법과 사람의 연령, 성별, 키, 방향, 동작, 표현방법 등에도 제한이 없다. 단, 사람을 그릴 때는 만화나 성냥개비처럼 그려서는 안 된다. 성냥개비 사람이란 동그란 머리에 몸을 성냥개비 막대기처럼 그린 사람을 말한다.

가이드: 먼저 피검사자에게 이름, 나이 등 정보를 기재하게 한 후 테스트 종이를 피검사자 앞에 놓는다.

피검사자에게 설명하기: 연필이나 크레파스로 집을 그리세요. 그리고 싶은 구조의 집을 그리세요. 나무도 그리고 싶은 대로 그리면 돼요. 사람을 그릴 때는 만화처럼 그리거나 성냥개비 사람을 그려서는 안 돼요. 진지한 자세로 그리기만 하면 됩니다. 그림이 마음에 안 들면 지우개로 지우고 다시 그리세요. 특별히 시간제한은 없습니다. 그러니 진지하게 그림을 그려주세요. 자를 대고 그려서는 안 되는 점도 유의하세요.

2.2 HTP 검사의 주의사항

1. 피검사자가 그림을 못 그린다며 거부할 경우

피검사자는 중년, 노년 또는 아동일 수 있다. 이들 중 때로는 "저는 화가가 아니에요. 학교 다닐 때도 그림을 배워본 적이 없어요."라고 말하며 HTP 검사에 거부반응을 보인다. 이러한 경우 검사자는 피검사자에게 HTP 검사는 예술 감각을 테스트 하는 검사가 아니라는 점을 분명히 알려줘야 한다. 또한 화가처럼 그리라고 요구하지 않는다. 피검사자가 협조하여 진지하게 그림을 그리면 된다는 사실을 주지시킨다.

2. 그림 분석 시 피검사자 자신이 말하는 문제의 원인과 분석 듣기

아무리 뛰어난 상담사라도 피검사자가 그린 집, 나무, 사람만으로 판단하는 건 불가능하다. 따라서 그림을 분석할 때는 피검사자에게서 그가 그린 그림이 담고 있는 내용을 듣는 것이 매우 중요하다. 그림을 분석할 때 각 요소가 담고 있는 내용에 대해 피검사자와의 소통을 통해 들어야 한다. 피검사자의 생각이 그림 분석에 매우 중요한 요소이기 때문이다.

3. 그림 분석 시 전체적인 개념 이해하기

그림을 분석할 때는 전체적으로 받은 이미지에 담긴 개념을 파악한다. 즉, 피검사자의 직감, 피검사자가 테스트를 대하는 태도에서 전체적인 느낌을 잡아내야 한다. 예를 들어, 무기력, 냉담, 유치, 진지, 완벽, 의기소침, 게으름, 꾸물거림, 덜렁거림, 꼼꼼하지 못함, 비협조적, 설렁설렁하기, 우호적, 불안, 산만함 등이 있다.

제3장

• • •

HTP 검사 해석

3.1 인물 분석

사람은 HTP 검사에서 개인과 가족구성원의 상호작용관계와 소통, 자아상과 인격의 장애여부 등을 의미한다. 사람은 자신의 현실적인 모습을 반영하기 때문에 피검사자는 사람을 그릴 때 심리적으로 방어기제를 작동시킨다. 일반적인 반응을 보면 심리적인 자아와 신체적인 자아가 있으며 자아의 이상적인 모습을 표현한다.

사람에는 이 밖에도 자아의 인격적인 의미도 담고 있다. 현실의 자신을 초상화처럼 그린 사람은 자신을 개방하고 타인에게 자신을 보여주려고 하는 사람이다. 추상화로 자신을 표현하는 사람은 진실한 자아를 숨기려는 경향이 있다. 하지만 어느 그림이든 그림에 표현된 사람과 사물은 어느 면에서는 피검사자가 지닌 특징을 보여준다. 이 경우 피검사자의 해석을 경청하는 자세가 매우 중요하다.

사람에 담긴 의미를 자세히 소개하여 독자의 이해를 돕고자 표로 정리했다. 단, 이는 대표적으로 보이는 의미이므로 표에서 언급하지 않은 내용은 심리상담 관계자에게 문의해보는 것이 좋다.

표1) 인물 특징에 담긴 의미

특징		해석
부호화한 사람 (성냥개비 사람, 만화, 애니메이션이나 지나치게 추상적인 사람)		피검사자는 감추기, 꾸미기나 거짓말을 잘 한다. 방어적인 거부 반응을 보이며, 그림에 비협조적이거나 진정한 자아를 보여주기를 원하지 않는다. 아이큐가 낮다.
거대한 사람		자기과대, 자제능력 결여
작은 사람		안전감 결여, 위축, 낙담, 우울, 구조적, 전체적으로 결여, 좌절 용인도 낮음, 충동적
기울어진 정도	15°이상	변덕, 심리적인 불균형
드러난 부위	전신과 발이 있는 자화상	자아의식, 자아통합이 뛰어남
	얼굴이나 어깨, 반신만 드러남	자아의식 모호, 자아통합을 하는 과정
정면	정면인 자화상	타인에게 자신을 이해시키려 함
	정면인 타인	그림 속 인물에게 긍정적인 감정이 있고 받아들이려 함
측면	측면의 자화상	신비주의 고수, 자기주장이 강하고 적대감이 있음
배경	자화상의 배경	방어적인 심리, 진실한 자아 외면, 현실 거부, 인간관계에 경계, 자신을 드러내기 원치 않음
	타인의 배경	해당 인물의 감정을 받아들이지 않음
그림자		초조, 우울

특징		해석
	일부를 검게 칠함	강조한 부위나 검게 칠한 부위에 초조감 존재
	얼굴 부위의 그림자	감정 장애, 지아비하
	팔 부위의 그림자	공격적인 충동
	인물 전체를 검게 칠하거나 그림자 존재	감정 장애, 검게 칠한 사람을 짝사랑, 검게 칠한 인물이나 사물을 걱정
회전하는 사람		방향 잃음, 남들과 다름, 타인에게 주목 받고 싶은 마음, 타인에게 거절 받은 느낌, 감정적인 문제(남자)
인물의 성별		성적 취향 문제
중성적인 사람		상반된 사람일 경우 동성애 성향 강함
머리		지능의 원천, 자아존재의 핵심적인 기관, 환상과 인간관계의 상징
	큰 머리 (12세 이전일 경우 머리가 몸보다 큼, 12세 이상인 경우 퇴행 심리와 유치함)	자신의 지혜, 정신, 지능 등에 대한 높은 평가 아이큐 낮음 자신의 체격에 불만, 공격성, 지나친 자부심, 환상 추구 지적 욕구 강함, 적극적, 공상 잘함
	작은 머리 (아동: 머리가 몸보다 작은 비율이 1/5이나 1/7일 경우 관심 필요, 학대를 받는 피해자거나 연연하는 심리 강함)	결핍, 무기력(지능, 인간관계, 성적인 면), 자괴감, 나약함
	머리와 몸 비율이 1/4로 지나치게 큰 경우	사회적응력 부족, 충동적인 행동
	머리가 향하는 방향	좌측: 이성적, 우측: 감성적
지나치게 세세한 그림		인간관계와 자기표현에 지나친 관심
윤곽선 강조, 표정 생략		체면 중시, 타인이 보는 자신에 집중, 인간관계 개선 욕구 강함, 내향적, 실천력 약함

특징		해석
머리카락	머리카락 (수염, 가슴 털)	세심한 일처리, 완벽주의(한 획 한 획 묘사), 남성성 강조, 성에 대한 관심, 힘 추구, 고민이 많음, 나르시시즘적 성향
	머리숱 적음, 머리칼이 없음	체력 약함, 성정체성에 문제 있음 (여성이 그런 사람일 경우)
	곱슬머리	감상적, 외부의 영향에 민감, 쉽게 당황함
	긴 생머리	순박, 단순, 융통성 부족
	단발머리	노련함, 민첩, 자제력 강함
	짧은 스포츠머리	깔끔한 일처리, 인색함
	뻗친 머리/ 곧게 선 머리	공격성 강함, 위: 외부 공격, 아래: 자아 공격
	앞머리	나르시시즘, 미적 추구
	주변머리는 모두 자르고 가운데만 있는 머리	아동: 유치 성인: 특별
	대머리	교활, 자기방어 강함
	땋은 머리가 위로 향한 경우	강한 에너지
	세 가닥으로 땋은 머리	자아상
얼굴		외부의 현실세계에 대한 접촉과 교류
	눈, 코, 입 그리지 않음	인간관계 회피, 환경 적응력 부족, 수줍음, 자아 강조
	눈, 코, 입 불분명	위축, 인간관계 두려움, 자기방어
	눈, 코, 입 강조	공격성과 유아독존적 성향으로 자신의 결핍과 나약함을 채우려 함
	얼굴 중시	체면에 신경 씀
	얼굴의 특징 생략	적응력 떨어짐
눈썹		성과 힘의 상징, 눈썹은 타인을 잘 돌본다는 의미가 있음

특징		해석
눈썹	가지런한 눈썹	노련, 말쑥함
	지저분한 눈썹	미성숙, 털털함
	빗사루 보양 눈썹	꾸미는 성격과 거리가 멈
	위로 올라간 눈썹	남들의 평가에 신경 쓰지 않음, 경멸, 자존심 강함
	남성이 그린 짙은 눈썹	성이나 힘에 대한 추구
	여성이 그린 버들눈썹	미적 추구
	눈썹 없음	나무보다 숲을 중시
	속눈썹	세세한 아름다움 추구, 용모 신경 많이 씀, 갈망 중시
눈	큰 눈	민감, 경계, 감성, 외향, 의심 많음, 망상, 호기심, 미적 추구
	큰 눈에 눈썹	미적 추구, 주목 받고 싶은 욕구
	동공 방향	왼쪽: 과거, 오른쪽: 미래, 위: 환상, 아래: 열등감, 사시: 질투, 망상
	아주 작은 눈	내성적, 자아성찰, 자아에 관심 많음
	큰 눈에 작은 눈동자, 감은 눈, 동공이 없음	환각, 내적 갈등, 내향적, 자기에 관심 많음, 나르시시즘, 환경과 외부 사물에 적대감, 시큰둥, 무시, 억지, 자기 문제 부정
	둥근 동공	생기 없음, 망상, 환상
	한쪽 큰 눈, 한쪽 작은 눈	온순, 소홀함, 분쟁 조절(중재)
	한 개만 그린 눈	지능 문제(못 그린 그림), 일목요연(잘 그린 그림)
	째려보는 눈빛	적의
	당황한 눈빛	생각이 혼란함
코	둥근 코	아동: 대개 둥근 코를 그림, 성인: 지능 낮음
	큰 코	성적 욕구 강함
	코 강조	불만, 공격성, 경멸, 주관 강함, 성적 문제

특징		해석
코	둥근 코에 둥근 콧구멍	질문이 많고 귀찮게 함
	오뚝한 코	능력 뛰어남, 성욕 강함
	코를 그리지 않음	아동: 정상 성인: 반응 느림, 소홀함
입		성을 상징
	과도하게 입 강조	의존과 미성숙 암시 강렬한 표현 욕구, 자기표현이 강하나 표현이 서툴러 남에게 상처를 줌, 언어 장애와 내적 갈등과 충돌, 빨강으로 칠한 입은 여성의 특징 강조
	입이 없음 (그리지 않음)	타인과 소통을 원치 않음, 저조한 감정, 고독, 타인의 도움 거절, 개방을 거부하고 폐쇄적, 인간관계 장애와 병리적 문제
	입을 벌림	수동적, 의존적, 모성애와 지지 갈구
	일자 입술	자기주장 강함, 강한 의지, 완강함, 공격성, 충동 억제
	크게 벌린 입	노력으로 성과를 얻고 인정받음, 연애에 먹구름, 부적응
	치아 그림	아동: 정상 성인: 유치, 공격성, 학대 성향
	모은 입술 (둥근형, 작은 입술)	자아중심
	꽉 물고 있는 입술	모진 성격, 공격성, 입담 좋음
	꽉 다문 입술 (일자형)	일처리에 느긋함, 약하게 공격, 표리부동, 양보에 인색
귀	한쪽 귀는 크고, 한쪽 귀는 작음	한쪽 귀로 듣고 한쪽 귀로 흘려들음
	귀를 그리지 않음	경청 거부, 타인의 의견을 잘 듣지 않음
	큰 귀	비판에 민감, 청각 장애
턱		세부적인 부분에 주목, 강한 식욕, 잘 먹고 잘 잠, 공격성, 강한 충동, 자신의 약한 부분을 보완하려 함

특징		해석
목		목은 몸과 머리의 연결 부위로 지능과 감정을 연결한다
	목 생략	적응력 떨어짐, 융통성 부족, 이성과 감성 분리
	짧고 굵은 목	충동적인 성향, 난폭함, 고집이 강함
	가늘고 긴 목	본능적인 충동 성향
	긴 목	군계일학 욕구, 의존성
	경직된 목	인간관계에서 융통성 부족
어깨	사각형 어깨	공격성, 적대감
	좁은 어깨	자괴감, 부담감을 이겨내지 못함
	여성이 그린 넓은 어깨나 각진 어깨	중임을 맡음, 승부욕 강함
몸통		몸은 자아상의 표현이며 초기 심리와 성숙한 심리 구분
	대칭이 맞지 않는 몸	머리 부상, 공격성
	몸 생략	학업 성취 결여, 적응력 부족, 심리적인 어려움 심각
	기울어진 몸	공격성, 흥분, 성취 결여
	옷을 입지 않은 몸	문화소양 떨어짐, 품행 장애
	분리된 몸	천재거나 정신질환
	양복을 입은 몸	초자아 표현, 문화적인 품위, 완벽주의, 강박증
	둥근 몸	아동: 정상 성인: 수동적, 주도적인 성향 부족, 유치, 퇴화
	각 잡힌 몸	거센 성질
	비율이 안 맞게 작은 몸	열등감, 자아 욕구 억압
팔		자아와 환경, 사물과의 관계, 통제, 수동적, 힘의 표현

특징		해석
팔	팔을 그리지 않음	가책을 느낌, 죄책감 이성의 팔을 그리지 않음: 이성에 거절당함(아버지나 어머니에게 당한 거절 포함)
	한쪽 팔은 굵고 한쪽은 가는 팔	일부가 불균형하게 발전
	허리에 손을 대고 있음	나르시시즘, 권력적 성향
	기계적으로 몸을 90°로 곧게 세움	환경에 적응하기 어려움
	약하고 위축된 팔	심리적인 나약함, 결핍
	근육을 강조한 팔	강한 체격, 힘이 있음
	길고 건강한 팔	포부가 강함, 실천을 통해 목표 실현
	짧은 팔	포부 결여, 실천력 부족
손		일반 사람은 모양만 그림, 환경에 대한 지배를 의미 손가락을 그리는 사람은 세부적인 부분을 매우 중시함
	손을 그리지 않음	실천력 결여, 자위하는 죄책감
	손을 넓게 폄(90°이하)	지배욕구 강함, 많이 펼수록 지배욕구 강함
	손이 다리에 붙어 있음	내성적, 안절부절, 수동적
	한 손은 앞, 한 손은 뒤	아웃사이더, 불안정
	양 손이 뒤에 있음	수동적인 공격 행위
	모호한 손	인간관계에서 자신감 결여
	큰 손	공격성
	검게 칠한 손	초조함, 죄책감
	손으로 음부를 가림	자위
	사람을 그리고 마지막으로 손을 그림	결핍, 환경에 적응하길 원하지 않음
	꽉 쥔 주먹	공격성, 반항성
	잘린 손	초조, 무기력

특징		해석
손가락	세밀하게 그린 손가락	아동: 세세한 부분에 집중 성인: 유치, 퇴화
	짐승의 발톱처럼 뾰족한 손가락	유치, 원시, 공격성
	손바닥 없이 그린 손가락	아동: 정상 성인: 퇴화, 유치, 공격성
	큰 손가락	공격성, 침해 성향
	검게 칠한 손가락	죄책감
다리		인격의 안정성과 성의 태도와 관련
	다리를 그리지 않거나 허리 아래 부분 그리기 거부	성적 문제
	두 발을 모음	남성성 상징 감정적인 문제, 활력 부족, 안전 추구
	두 발을 벌림	활동 공간 큼
	발가락을 그림	도착증, 예: 여성용품 등
	긴 다리	자주성을 강렬하게 원함
	가늘고 작은 다리	안전감 결여
	한쪽은 길고 한쪽은 짧거나 한쪽은 굵고 한쪽은 가는 다리	안정감 결여
발		사람의 행동력을 의미, 많이 벌릴수록 행동력이 강함, 일반적으로 45°를 넘지 않으면 신중하고 사교적이지 않음. 머리는 정면을 향하고 발은 측면으로 그린 경우-이중성격, 성격이 복잡하며 내면 역시 복잡함
	발을 그리지 않음	불안정, 정확한 자기 위치 결여, 위축, 집을 나가고 싶은 성향

<table>
<tr><th colspan="2">특징</th><th colspan="2">해석</th></tr>
<tr><td rowspan="14">기타 요소</td><td>장식품</td><td colspan="2">생활 추구, 과시욕, 외적인 이미지 중요시</td></tr>
<tr><td>머리장식</td><td colspan="2">나르시시즘</td></tr>
<tr><td>옷깃</td><td colspan="2">여성성 강조, 라운드: 전통적인 여성, 보수적</td></tr>
<tr><td>주머니</td><td colspan="2">세부적인 부분에 집중, 미성숙,
대칭에 집중할 경우 강박증이 있음.
의존성, 유치(남성)
눌실석인 불난, 애정 상 불만, 싱에 대한 관심(엉덩이에 있을 경우)
독립성과 의존성 사이에서 갈등(청소년이 그린 큰 주머니)</td></tr>
<tr><td>단추</td><td colspan="2">의존감, 무력감, 유치함,
퇴화(옷 중간에 가지런히 그림)</td></tr>
<tr><td>혁대</td><td colspan="2">성적 충동 억제</td></tr>
<tr><td rowspan="4">넥타이</td><td colspan="2">남성성의 상징</td></tr>
<tr><td>작은 넥타이</td><td>성기능 부족</td></tr>
<tr><td>길고 과장된 넥타이</td><td>성적인 공격성</td></tr>
<tr><td>긴 목에 넥타이</td><td>엄숙함, 성적인 드립, 말이 많음, 외강내유</td></tr>
<tr><td>신발</td><td colspan="2">개인 경제에 관심
지나치게 큰 신발: 안전감 욕구
여성성(신발과 신발끈 세세히 묘사)</td></tr>
<tr><td>모자</td><td colspan="2">외부세계에 의심, 경계심, 합리적 방어, 감춤, 자기보호, 자신의 무기력을 감춤</td></tr>
<tr><td>옷</td><td colspan="2">여성복과 치마: 성정체성 표현
여성처럼 옷을 입은 남성: 성정체성에 문제</td></tr>
<tr><td>시계 강조</td><td colspan="2">죄책감, 불안감</td></tr>
<tr><td rowspan="3">그리는 순서</td><td></td><td colspan="2">정상 : 머리-몸-팔다리, 눈, 코, 입 등 세세한 부위로 그려 나감.</td></tr>
<tr><td>몸과 팔다리를 먼저 그림</td><td colspan="2">자아 불명확, 인간관계 원만하지 못함, 애매한 성격</td></tr>
<tr><td>눈, 코, 입을 먼저 그리고 얼굴형 그림</td><td colspan="2">타인과 감정적인 교류 싫어함.</td></tr>
</table>

특징		해석
그리는 순서	손을 먼저 그림	인간관계 원만하지 못함, 양심의 가책
	발을 먼저 그림	성에 지나친 관심과 갈등

3.2 나무 해석

나무(Tree)의 의미: 자아와 환경의 관계, 내면의 균형상태, 생명의 의의 상징, 자아의 무의식 상태에서 느끼는 자아상 등.

나무는 묘목에서 시작해서 큰 나무로 자라는 과정을 거친다. 이는 개인의 성장과정과 매우 비슷하다. 나무줄기의 상처와 구멍 등은 나무가 성장하면서 받은 상처를 의미한다. 사람에게 적용하면 나무줄기는 성장과정을 보여주며 과거에 받은 상처나 힘들거나 아팠던 사건을 말한다. 이것으로 자아의 정신과 성적인 부분에서의 성숙도를 분석할 수 있다.

독자의 이해를 돕기 위해 다음 표에 나무와 관련된 해석을 담았다. 여기에 포함된 내용은 일부이므로 해석이 없는 경우 관련 상담사에게 문의하길 추천한다.

표2) 나무의 특징이 갖는 의미

특징		해석
나무 유형		생활태도, 인격 성향 상징
	폭풍 속 나무	자신이 통제할 수 없는 외부영향과 지배 의미
	미풍 속 나무	환상을 꿈꾸고 외부 영향 잘 받음
	다양한 풍경 속 나무	환상을 좋아하고 감성 풍부

특징		해석
나무 유형	고산에서 자라는 나무	성적인 문제, 마더 콤플렉스
	나란히 자라는 나무 몇 그루	특별한 의존관계
	낙엽수	외부세계의 압력과 영향
	상록수	활력, 성숙, 노련, 생명력, 지배력, 목표
	시계수	환경에 민감, 부드러운 마음씨, 감정변화 큼
	소나무	성취욕, 자기절제, 점진적, 여성의 남성화
	자작나무	민감, 의심많음, 경계, 예민
	사과나무	의존감, 타인의 사랑과 인정을 받고 싶어 함
	야자수	예술과 감수성 추구, 내향적, 우유부단, 여성: 완벽주의, 남성: 여성화
	대나무	청렴, 고상함
	매화	고고함
	버드나무	정서 불안정, 변덕, 연기재능
	스페이드	주변 사물보다 자기 내면에 더 관심이 많음
	양면 나무, 두 종류 잎과 열매	내면의 갈등과 충돌
	숲속 나무	자기 보호와 방어
	큰 나무	권위에 대한 불복종과 거부
	대칭이 맞지 않는 나무	비대칭: 불균형 의미, 성장과정에서 불균형적으로 성장하거나 에너지 배분의 불균형
	고목	열등감, 자기비하, 우울, 내성적, 신경질, 정신분열증
	잘린 나무	벗어날 수 없는 심리적 상처

특징		해석
수관		수관은 현재 상태를 보여주며 정신상태와 인간관계를 강조한다. 또한 성격을 상징하고 과거 회상과도 연관이 있다.
	과도하게 강조한 수관	감정 억압, 지적인 분석하는 성향
	거대형 수관	강렬한 성과 동기, 포부, 자부심, 자기찬미
	작은 수관(취학전 아동 그림에서 자주 보임)	취학전 아동이 그릴 경우 발전 장애가 있을 가능성 있음, 성: 유치, 퇴화
	나무줄기는 짧고 수관은 큰 그림	포부, 성취욕, 일에 열중
	가늘고 작은 나무줄기와 큰 수관	자기만족을 실현하려다 내면의 안정을 잃음
	하트 모양을 거꾸로 한 듯한 수관(아래로 드리운 수관)	창조성 결여, 공격성 없음 결정장애, 의지 약함, 결단력 부족, 감정에 치우침
	납작한 수관	외부세계의 압박을 느끼면 자아 발전에 방해 됨
	구름모양 수관	타인과 협동
	삼나무수관	성격상 모난 부분이 있음, 분열, 겉으로는 정서가 안정돼 보이나 쉽게 극단적임. 적응에 어려움을 느낄 때가 있음.
	공모양 수관	이중 성격, 활발, 뛰어난 사교성, 때때로 우울
	원모양 수관	성장과정 주에 에너지를 일부에 쏟아 방향성 결여
	수관 구분	그림에 소질 있음, 은폐성향
	골격형 수관	자기 의도 표현, 현실과 대면 두려워함, 정중함, 마음을 많이 쓰고 고심함. 근심, 자신에게 충실하지 못하고 정직하지 않음
	T형 수관	공격성 강함

특징		해석
수관	수관 먼저 그림	내면 불안, 꾸미는 데 집중, 허영
	수관 외에 단독으로 생장하는 가지와 잎	성장과정에서 자극을 받고 일부 제한을 받음. 충동적, 유아적, 퇴행, 환경과 어울리지 못할 때 예측하지 못한 돌발 행동함, 단, 새로 나온 가지일 경우, 새로운 희망이나 방향 의미
가지		환경의 만족 추구, 타인과 교제, 적응력, 목표를 실현할 힘과 능력 상징
	가지 친 가지가 없을 경우	단도직입형, 외상, 충동, 본능, 무뚝뚝, 환경 적응력 부족
	줄기에서 가지까지 세분됨 (망 형태)	감수성 풍부, 외부세계의 자극에 양호한 반응
	한 줄로 줄기와 가지를 같이 그림	지능과 성격상 경도의 지체 보임, 성인: 퇴행 성향, 유년기 적응 정상, 최근 큰 외상 경험
	가로 방향으로 위를 향해 자라는 정상적인 가지	현실 생활과 공상에서 만족, 환경에 적응하면서 일함, 즐거운 생활
	가로로 자라는 가지	타인을 보양하고 주도적인 사교성 뛰어남
	위로 자라는 가지	성장 중, 적극적으로 성장, 발전할 수 있는 기회 찾는 중
	지나치게 위를 향해 자라는 가지	감정이 쉽게 고양되고 활동성 강함, 현실 무시, 통제력 약함, 쉽게 분노, 환상을 꿈꿈, 내성적
	버드가지처럼 아래로 드리운 가지	과거에 집중, 능력을 과거에 쏟음, 과거 회상, 과거지향적, 발전과정 중에 특정 단계 지체, 타인의 영향을 쉽게 받음, 활발하지 않음, 정력이 없음, 무저항력, 쉽게 피로를 느낌

특징		해석
가지	뾰족하게 위로 자라는 가지 (가지 끝이 뾰족)	적대적, 충동, 공격성, 공격성은 내면에 숨겨두기 때문에 직접 폭발하지는 않지만 언어나 감정으로 표현함. 자신의 능력과 목표 사이의 간극을 분명히 알지 못함.
	길처럼 분명한 가지	명확한 계획성, 의지 강함, 시작과 끝을 잘 맺음.
	내향적인 화법으로 그린 가지	자기중심, 내성적, 사색 즐김, 강박적인 성향 작은 가지가 가시처럼 줄기에 끼여 있을 경우 학대 성향 있음.
	지나치게 대칭적인 가지	시야가 좁음, 지능이 떨어짐, 좌우 대칭, 외부세계에 갈등이나 강박증 있음
	우측 강조	정서적 만족 회피, 이성적, 외향적, 주의력 결여, 자신감
	좌측 강조	감정적인 만족을 강하게 추구, 내성적, 근심, 세심
	가지가 굵고 큼, 줄기보다 굵음 (가지와 줄기의 비율이 지나치게 맞지 않음)	결핍, 환경에서 만족감 과도하게 추구, 무기력(가지와 잎이 무성하지 않음), 에너지 분출, 세부적인 부분에 집중
	줄기에서 가지 끝이 돌출	구속받지 않음, 독창성, 지능 높음, 규칙에 구애받지 않음
	굵은 줄기에 작은 가지	환경에서 만족을 얻지 못함
	가지에 음영	겉으로는 타인과 좋은 관계 유지
	공백인 가지	좋은 인간관계 맺지 못함, 저항감
	한 줄로 그린 가지, 수관에 장식	풍부한 감수성을 숨기려고 함
	줄기, 가지를 한 줄로 그림	나약하고 무력, 비협조적
	끊어졌다 이어졌다 하는 가지	생각이 많지만 실천력 약함, 생각하는 단계에만 머물러 실천이 어려움. 몽상, 환상을 꿈, 현실적이지 않은 생각을 함

특징		해석
가시	개방형	사교적, 자신을 꾸미지 않음, 방어적, 충동적, 경솔함
	폐쇄형	잎으로 둘러싸여 있어서 간접적으로 분출 수관이 크면 자기보호가 강함, 온순, 균형적
	가지를 손질한 나무	환경에 적응을 잘 못함
	가지가 부러지고 톱으로 잘린 흔적	특별히 관심을 기울여야 함, 성장과정에서 맞은 좌절과 장애, 외상이 있음. 심리적 상처, 무기력, 수동성, 성능력 부족으로 고민. 억압, 자신감 결여, 상심, 슬픔, 자기계발과 실천에 억압 받음
줄기		생명의 활력, 성장과 발전의 에너지, 충동, 자아와 환경 사이의 협조, 인격 개선
	소용돌이 모양이나 상처	상처받았다는 표시, 심리적인 상처, 불안, 슬펐던 과거나 상처 경험, 상처가 있는 위치를 통해 상처받은 나이를 대략 판단 가능
	과도하게 강조한 줄기	정서적인 미성숙
	한 줄로 그림(줄기는 두 줄로 그리고 수관은 한 줄로 묘사)	충동, 변덕, 초조, 긴장, 우울, 억압
	두 줄(굵은 편)	생활 풍부
	줄기의 윤곽선 강조	자아 인격의 균형 유지
	선을 굵게 칠함	초조
	윤곽선이 열음	자아와 외부세계 구분, 인격 붕괴 직전, 급성 불안정
	연속적이지 않고 이어졌다 끊겼다 하는 줄기	충동, 감정적 자극 잘 받음, 복수심리, 인격 붕괴, 다혈질
	파도 모양(구불구불)	낙천적, 구속당하지 않는 성격, 자아중심

특징		해석
줄기	좌측 물결선(곡선과 직선) 가지	심리적 상처, 내재된 허약한 부분 억제, 억압, 방어기제 강함
	우측 물결선(곡선과 직선) 가지	아동: 적응력 부족, 환경과 갈등 성인: 창의력, 좌절, 회피
	굵은 줄기	왕성한 생명력, 적극적, 공격적인 성향
	가늘고 긴 가지	적응력 결여, 생활 불안정
	가늘고 작은 줄기	무기력, 부적응, 자신감 결여, 판단력 부족, 부적합한 만족 추구, 사랑과 지원 갈망
	선처럼 지나치게 가는 줄기	생명에너지 부족, 의존할 곳이 지원과지지 받지 못함
	바람에 기울어진(휜) 가지	생활 부담과 긴장
	위쪽이 옆으로 퍼진 모양	나이 들수록 활력과 흥미 증가
	위쪽이 점으로 모아진 줄기	목표실현이 삶의 모든 의미, 목표 실현 후 자신이 원하던 것을 찾지 못함, 기분 저하 상태
	위쪽으로 소량 생장	미래에 관심, 미래에 희망 품음, 과거에 관심 없음
	전봇대 모양(직선형 줄기)	융통성 결여, 무뚝뚝함, 추상적인 성향 강함
	위아래는 크고 가운데는 작은 화병형	이미지 사유, 현실적, 몰두, 부지런함, 노력형
	아랫부분 생장	위축, 정서 저하, 생활에 실망
	줄기 없음	정서 저하, 생존 의지 없음, 자살하고 싶은 생각이 들 때가 있음
줄기 채색		자기보호, 공격성
	위아래 검게 칠함	공격성
	좌우 검게 칠함	자기보호
	오른쪽 위, 왼쪽 아래 검게 칠함	따귀 때리는 식의 공격
	왼쪽 위, 오른쪽 아래 검게 칠함	과격한 공격성, 파괴력 큼

특징		해석
나무껍질		나무껍질은 영양분을 운송하는 통로이자 줄기의 외피다. 나무껍질은 외부세계나 타인과의 접촉하는 부위다. 나무껍질을 과도하게 묘사한다는 건 환경에 비협조적이라는 의미
	깨지고 상처난 나무껍질	성장과정에서 고난을 맞고 고생한 경험이 있음
	반복해서 그린 나무껍질	초조, 강박적 성향
	전부 검은색으로 채색	외부세계와 관계가 긴장, 우울, 불안,퇴행
	오른쪽 음영	사교성 좋음, 적응력 뛰어나고 적극적인 의욕이 특징
	왼쪽 음영	내성적, 자아 억압, 자신을 드러내지 못함
	상세하게 묘사	환경과 불협화음, 자기억압 강박증, 자기 환경과의 관계에 관심이 있으나 자신을 지나치게 통제
	반점, 굵고 짧고 고르지 않은 선	사나움, 불만, 분노
	둥글고 매끄러운 곡선	적응력 뛰어남
	상처와 구멍이 있는 나무껍질	심리적인 상처, 불안, 갈등
	마름모로 뾰족한 끝이 위로 향함	공격성 강함
	뾰족한 끝이 아래로 향함	자기공격
	반원형에 대칭	유치원 학습 수준 아동: 독립성 결여
잎		잎은 외관, 장식, 활력 등을 의미한다. 잎이 무성한 정도에 따라 현재의 상황을 파악할 수 있다. 일, 학업과 건강 상태도 분석 가능하다.
	한 잎 한 잎 묘사	완벽 추구
	가지와 잎이 무성한 나무	환경적응력 양호

특징		해석
잎	빼곡한 잎	왕성한 생명력, 활력과 에너지 뛰어남
	드문드문 그린 잎	생명력, 활력, 에너지 부족
	떨어진 잎	부모, 가정 등에 양육의 근원에 치우치고 연연
	떨어진 잎을 모음	부모나 가정에서 사랑과 온기를 얻고 싶어함
	떨어진 잎을 모음	부모나 가정에서 사랑과 온기를 얻고 싶어함
	떨어진 잎들을 태움	사랑을 원하는 만큼 받지 못해 불만족하여 화로 변함
	마르고 떨어진 잎	외부세계 압박으로 자기통제 상실, 감수성 강함
	잎이 없음(고목)	생명력이 심각하게 부족, 활력 없음, 쇠약, 생명력을 상실한 느낌, 공허함
	꽃이 핀 나무	외적으로 드러남을 중시, 허영과 부귀영화, 통찰력 부족
	어린 잎	새로운 시작을 갈망하거나 새롭게 시작하는 중
	새싹	외적 손상을 받았지만 무의식 중에 심기일전을 결심하여 힘을 회복
	가지보다 큰 잎	내적으로는 무기력하나 표면적으로는 적응하는 것처럼 보임
	큰 잎	의존감, 독립과 친밀한 관계 원하지 않음
	침엽	날카롭고 냉정하며 친밀한 관계를 갖기 어려움
	손바닥처럼 생긴 잎	동정심, 사람과의 만남과 친절을 원치 않음

특징		해석
열매		열매의 개수, 크기는 성취, 보답, 욕망, 희망, 목표, 은혜 등을 의미한다. 열매는 개인의 내적 체험을 반영한다. 또한 자아의 요구와 목표, 성취감 등을 나타낸다. 생명력이 충만한 나무에서 열매는 창조적인 성장환경을 대표하나 생명력이 없는 나무에 열린 열매는 사랑받고 싶고 양육받고 싶은 열망을 의미한다.
	열매가 있는 나무	의존욕구 강함, 지속성 부족
	떨어진 열매	성장과정에서 상처받는 사건들에 부딪힘. 이와 같은 일들은 정신적 생리적일 가능성이 높음. 이 때문에 성장, 가치관과 신념이 영향을 받음. 거절당함. 의기소침, 절망. 여러 이유로 기존 환경에서 괴리되고 이러한 경험은 불쾌한 경험임. 성폭행을 당한 여성, 부모가 이혼한 아이, 장시간 고강도로 심신에 폭행을 받은 성인에게서 볼 수 있는 그림
	떨어진 이유	바람에 떨어진 경우: 자신이 통제할 수 없는 외부세계 요인으로 상처받음 사람이 딴 경우: 인위적인 요인으로 상처 받음
	썩은 정도	먹을 수 있는 정도: 치유 받을 수 있는 상처거나 회복 중인 경우
		썩어버린 경우: 깊고 오래된 상처, 성장에 영향을 주며 치유할 수 없다고 느낌
	과실의 익은 정도	인생의 발전에 서로 다른 시기를 의미

특징		해석
열매	꽃이 피고 있는 상태	생명을 가꾸고 있는 시기로 더 많은 노력이 필요함
	이제 막 열매를 맺음	성과를 얻는 초기 단계
	파란 열매	어느 정도 성과를 올렸지만 꾸준한 노력을 기울어야 하며 성과를 누리고 수확하는 시기는 아님
	익은 열매	풍성한 수확을 얻고 누리는 시기
	열매 수	열매 수와 특정 현상이 연관됨. 큰 열매의 수는 중대목표의 수를 의미. 떨어진 열매의 수는 상처받은 연령과 관련이 있음.
	크고 많은 열매	많은 욕망과 목표가 있고 목표를 이룰 자신감도 있음 과도하게 많아 시간과 정력을 효과적으로 안배하지 못함. 가장 중요하고 진정으로 원하는 것이 무엇인지 정하지 못함.
	크고 적은 열매	명확한 목표가 있고 정력을 한정된 몇 개 목표에 집중함. 자신에게 가장 중요한 것이 무엇인지 파악하고 있음. 목표를 이룰 수 있다는 믿음이 있음.
	작고 많은 열매	많은 욕망과 목표가 있지만 진정으로 가장 중요한 것이 무엇인지 정하지 못함. 목표를 이룰 수 있다는 믿음 없음.
	작고 적은 열매	자신에 대해 높이 평가하지 않음. 자신이 큰 성과를 얻을 수 있다고 믿지 않음.
	지나치게 많은 열매	많은 열매를 수확할 수 있는지에 대해 의문을 품고 있는지 자신감은 있는지는 그림의 선, 열매의 크기로 알 수 있음.

특징		해석
열매	열매가 상당히 많음	갖고 싶은 것이 너무 많지만 그에 맞는 능력, 정력, 시간은 없음. 이 상태가 계속되면 좌절감, 자기비하, 자신감 결여를 초래함.
	열매가 없음	목표를 설정하지 않음. 자신에 대한 평가가 낮음. 자신에 대한 요구치가 없음.
	빵처럼 먹을 수 있는 열매	나무에 열린 열매는 빵처럼 먹을 수 있음. 먹을 수 있다는 것은 심리적, 감정적인 부분과 연관이 있음. 자신이 실현할 수 없다는 우려의 감정을 의미.
뿌리		실질적인 사교관계를 중시. 기반, 자아와 현실의 관계를 나타내며 현실을 지배하는 자신의 능력 인식
	뿌리가 노출된 경우	과거에 집중, 심리 미성숙. 자신감 결여. 내면의 갈등이 많음. 과거의 경험을 정리하고 회고하여 현재 문재를 해결하려 함.
	말라 죽은 뿌리	초기 생명과 성장단계에서 받은 우울함과 슬픔. 감정적으로 활력을 잃고 충동력이 없으며 현실 파악이 어려움. 아동기에 우울한 경험이 있음.
	왼쪽으로 부푼 뿌리	감정적인 억압. 모성과의 특별히 연관됨.
	오른쪽으로 부푼 뿌리	인간관계에서 타인을 신뢰하지 못함. 부성과 특별히 연관됨.
	좌우로 부푼 뿌리	아동: 학습, 이해력 면에서 어려움에 부딪힘. 성인: 지적으로 느림. 금지, 자기억압
	투명한 뿌리줄기	질병. 관찰력, 이해력 결여. 정신분열증. 기관조직 질환 있음.

특징		해석
뿌리	뿌리와 줄기가 뒤얽힘, 음영 강조	외부세계의 환경에 지나치게 신중함
	풀뿌리 그림	기반이 약함. 과거 많이 고생함. 과거에 연연. 나쁜 습관이 있음.
나무에 있는 동물	닭발, 매의 발	공격성 강함. 사람이나 사물을 지배하고 싶어 함.
	뿌리와 줄기 뒤얽힘	가족관계 복잡
	종이의 가장자리에 그림	안전감 결여. 안정적인 생활환경 필요
	새	자기에 관심이 많음. 나르시시즘. 자기보호, 안전감
	새둥지	의존성, 보호받고 싶어 함.
	나무 구멍 속 동물	온기 있는 환경을 갈망. 누군가 돌봐주길 바람. 사랑을 받고 싶어 함. 의존적. 성인에서는 찾기 어려운 그림. 성인이 그린 경우 인격 붕괴, 자기통제력 상실, 내성적.
	다람쥐	감정과 물질적으로 박탈된 경험이 있음. 미래 자신을 위해 사재기하는 것이 있음.
지평선		안전, 현실과 연관이 있음
	과도하게 강조	불안감이 큼, 의존성 강함.
	구릉 모양의 지평선	외로움. 보호받고 싶음.
	구릉의 큰 나무	타인 지배. 자기 욕구 표출.
	좌측 지평선	미래를 위해 노력하려 함
	우측 지평선	미래에 위험이 있다고 생각함
	토대보다 높은 지평선	수동적
	나무 밑단이 지평선인 경우	불안정한 마음을 없애려 함. 우울한 마음
	지평선을 먼저 그리고 나무를 그린 경우	의존성 강함. 보장받고 싶어함

특징		해석
지평선	나무를 그리고 지평선을 그린 경우	신중하게 시작하나 갑자기 초조와 불안을 느끼며 보장받고 싶어 함.
	뿌리 선과 지평선이 연결된 경우	사물을 객관적으로 이해하지 못함. 자아의식 결여.
기타 요소	그네	그네는 나뭇가지에 걸려 있음. 이는 생명의 전부나 중요한 부분을 특정 부분에 맡기고 싶어 함을 의미.
		나무에 걸린 그네를 타고 있다는 것은 타인을 희생해서 삶에서 부딪히는 부담을 대면하려는 심리 의미
	나무 위 집	열악한 환경에서 안정한 대피소를 찾으려 함.
	집 뒤나 집 주변에 나무를 그린 경우	안전감 결여

3.3 집 해석

집(House)은 출생과 성장의 환경, 가정의 상황을 의미하며 일반적으로 가정과 가족관계에 대한 생각, 감정, 태도 등의 의미가 담겨 있다. 집, 창, 문과 지평선 등의 요소들을 분석하면 가족구성원 사이에서의 자아상, 공상과 현실사이의 관계를 알 수 있다.

예를 들어, 가정에서 부모와 자녀의 관계, 안전감, 가정과 환경 사이의 관계 등이 그것이다. 독자의 이해를 돕고자 표로 관련 내용을 정리했다. 표에서 언급하지 않는 내용은 관련자에게 문의해보도록 한다.

표3) 집이 담고 있는 의미

집의 모양		특징
현대적인 집 (고층 아파트)		대부분 초등학생 그림에서 보이는 그림 성인의 경우 현실적이고 아이큐가 높음
전통 가옥		성인에게 많이 보임. 자아의식 강함
정자		교양, 추구, 초아와 관련 있음. 교양, 소양, 품위, 개방을 추구
사당처럼 생긴 집		극단적이기 쉬움, 천재거나 기괴한 행동함
동화 속 집		환상을 꿈꿈. 순진하고 유치함.
사합원 (중국 전통 가옥으로 정원을 중심으로 사면이 집채로 이뤄짐)		평온, 보수적, 자폐 기질 약간 보임.
기이한 집 (탑, 첨탑 등)		본래 자아 반영
나무 위 집		자기보호: 열악한 환경에서 안전한 대피소를 찾으려 함.
종이의 한쪽으로 치우친 집		안전감 결여
지붕		환상적인 공간으로 현실과의 사이의 거리.
	교차	시시비비와 도덕과 죄책감 암시
	큰 지붕	환상을 꿈꿈, 상상력 풍부, 공상을 좋아함. 현실과 인간관계 도피.
	기와	안전감 결여, 근심. 장식을 세세하게 그렸다면 완벽주의, 강박증,
		기와를 크게 그렸을 경우, 강박증 경향
		생선 비늘처럼 그린 경우, 세세하게 문제 고려. 예민, 자기보호, 과도한 방어
	검은 지붕	내면 진중함. 책임감 큼.

집의 모양		특징
지붕	'+'가 빽빽하게 그려진 지붕	내면에 강한 갈등과 충돌 존재
	그물 형태의 지붕	양심의 가책 느낌. 자신을 통제하고 싶은 환상을 꿈꿈.
	다락방이나 창	비밀이 있거나 욕심이 있음
	지붕에 하늘을 향한 창이 있음	학생: 이상을 꿈꿈. 포부가 있음. 성인: 소망을 이루지 못함(정면), 가정 갈등, 분풀이 대상(측면), 독불장군
	지붕을 그린 선이 짙음	전재지변, 인재 강조
	지붕을 그린 선이 없음	가정 구조와 개념이 불명확
벽		자기 보호를 상징, 강한 자아, 외부 공격에 대항하는 능력, 자기 보호(철통같은 방어)
	견고한 벽	강건한 자아
	밀면 넘어질 것 같은 벽	나약한 자아
	무너지기 일보 직전인 벽	인격적인 분열
	곧게 선 벽이나 무너진 벽	가정 문제가 있거나 심적으로 가정에 대한 개념이 완전하지 못하다
	가는 붓으로 그린 벽	나약하고 쉽게 상처 받는 자아
	벽지를 바른 벽	안전감 결여
	투명한 벽	정신 상태에 문제가 있음, 현실을 충분히 이해하지 못하고 정신적인 성장이 늦음, 자아와 외부 세계의 경계가 분명하지 못하고 정신분열증이 있을 가능성. 최대한 세세하게 묘사한 경우에는 강박적인 성향이 있으며 심리적인 질환은 없더라도 집중하지 못하는 것일 수 있음.
	수평 공간 과도하게 강조	안정이 필요함을 암시
	수직 공간을 과도하게 강조	과도하게 환상을 품은 경우

집의 모양		특징
벽	일부가 떨어져나간 벽	불완전한 개체의 특성 암벽
	벽돌이나 돌로 된 벽	외강내유, 안전감 결여, 폐쇄적인 경우
	둘러싼 벽	현실과 접촉이 극히 적음. 자아붕괴
	벽과 벽이 연결되지 않음	뇌기관조직 장애, 충동을 절제하지 못함. 분리감
	단일벽	내성적, 예민함. 의심 많음, 반항적, 우울
	울타리	안전감 결여
	벽을 그린 선이 짙음	인간관계에서 과도하게 방어적
	벽 윤곽과 선이 명확함	가정개념 명확
	종이 아랫부분 하단을 기준선으로 함	불안, 의존, 자주성 결여
	기준선이 없음	현실과의 접촉 부족, 정착이 아닌 표류하는 느낌이 있음
	지면선을 강조	안전감 결여
문		문은 집의 출입구. 문의 크기와 모양은 외부세계의 개방정도 상징, 가정과 환경과의 직접적이고 긍정적인 통로, 잠재의식에서의 인간관계 반영, 외부세계와의 관계 표, 현실적인 가정과 환경의 직접적인 통로로 잠재의식 속의 인간관계 반영
	문이 부족 (문을 그리지 않음)	외부세계에 방어적인 심리 강함, 타인과 자신의 교류 거부, 냉담, 위축, 괴리되는 느낌, 숨기려는 성향 강함, 폐쇄적, 가정 내부에 사적인 비밀 있음, 가족구성원과 정신적 교류 결여되고 끈끈한 정 부족
	큰 문	수줍음, 인간관계 부족, 신중, 수동적
	매우 큰 문	타인에 과도하게 의존적, 사교적인 면에서 타인이 깊은 인상을 줘야 함, 적극적으로 외부세계와 접촉, 이해받고 싶어 함, 활발, 의존적
	웅장한 문	어리석거나 정상인이 형성한 기능장애

집의 모양		특징
문	낮은 문	겉으로는 개방적이나 내적으로는 타인의 접근 거부
	매우 작은 문 (들어갈 수 없을 정도로 작음)	타인이 자기 내면에 들어오길 원치 않음, 타인과 소통하고자 하는 강한 바람이 없음, 수줍음, 사교적이지 않음, 사교 회피, 무기력
	쪽문(측면 벽으로 여는 문)	회피하려는 심리, 집을 떠나고 싶음, 뒷거래, 안전감 결여
	슬라이드 문	땅과 맞닿지 않고, 문지방이 지나치게 높음: 오만, 가족 중에 고위직 많음, 부유, 타인이 주도적으로 다가오길 바람. 자아: 자신을 대단하다 여김, 자신을 과대평가함
	열린 문	타인의 친절을 얻고 싶음, 사교적인 인상을 남기고 싶어 함
	반쯤 열린 문	밖으로 열린 경우: 합리적인 공격 안으로 열린 경우: 여지를 남기는 경우가 많음, 겉과 달리 속은 음흉함
	사물에 막힌 문	회피, 신중, 겉으로는 수동적
	격자로 그리거나 잠긴 문	경계, 의심 많음, 자기방어
	문지방이 높음	자기 방식으로 타인과 교류하려 하기 때문에 사교에 어려움 존재
	두짝문	배우자를 원함, 결혼 갈망
	손잡이 없음	타인이 내면으로 들어오길 원치 않음, 개인의 사생활 강조
	몰래 들여다볼 수 있는 구멍이 있는 문	타인을 쉽게 믿지 않음, 신중하고 조심함, 의심 많음.
	수많은 'X'로 둘러싸인 문	'X'는 부정과 거절을 의미함. 이러한 문은 내면의 충돌을 뜻함, 타인이 자기 내면이나 공간에 들어오길 원치 않음, 성적인 문제와 갈등으로 고민.
	여성의 음부처럼 생긴 문	성 정체성, 성 추구, 향락주의

집의 모양		특징
창		집의 또 다른 소통 통로로 자아의 개방성, 미적 감각과 취향을 보여준다. 사람의 눈, 미, 타인과의 수동적인 접촉 방식, 내재적인 방어 상태를 상징함.
	창이 없음	뒤로 물러섬과 편집적인 성향 상징, 위축, 피해망상증
	창이 많음	개방과 갈망, 외부환경과의 접촉 의미, 타인과의 교류를 간절히 원하고 사교적임
	좁은 창	소심하고 수줍어함, 타인이 다가오지 못하게 함
	매우 작은 창	심리적으로 가까이 가기 어려움, 수줍음
	장식용 창	미적 추구, 나르시시즘, 환상을 꿈꿈, 일부 시각적인 공포를 느낌
	'+'자형 창	자주 볼 수 있는 그림, 특별한 의미 없음
	통유리창	개방적, 타인과의 소통을 원함, 타인에게 자신을 이해시키려 함
	색이 있는 유리창	미적 감각 추구, 자신에게 문제와 죄책감이 있다고 느낌
	두 줄로 그은 격자, 음영이 있는 유리창	인간관계에 적당한 관심 보임, 환경과 잘 어림.
	반원이나 원형 창	여성적 기질, 온화함
	사각형과 원형 등을 그려 통일된 창이 없음	현실생활과 공상한 생활이 일치하지 않음
	블라인드 창	보류하는 심리. 닫힌 블라인드 문은 위축, 정서적 우울 의미
	별모양 창	여성적 기질
	울타리 같은 창	안전감 결여, 감금처럼 가정에 대해 좋지 않은 감정이 있음
	창문과 철 난간	예민하고 의심이 많음, 안전감 결여, 닫힌 철 난간과 문은 피해망상 의미
	잠근 창	외부세계를 두려워 함, 적대적, 망상
	높은 창과 창턱	방어적인 표현

집의 모양		특징
창	꽃이 있는 창턱	꽃은 다른 사람을 사랑하는 마음을 뜻함
	장식이 없는 창	현실적, 체면 차리지 않음, 일상생활에서 자기감정을 쉽게 드러냄
	커튼이 있는 창	아름다운 가정을 중시함, 타인의 접근을 보류함, 심리적인 방어, 자기보호 강함, 타인이 자기 내면 상태를 몰래 들여다볼까 걱정함
	커튼을 친 창	예민하고 의심이 많음, 내성적이고 불안, 과도한 자기절제, 커튼이 아름다울수록 방어적인 태도가 강함.
	커튼을 연 창	불안감이 있지만 자기절제를 적절하게 하고 침착함
	양쪽에 커튼이 있고 가운데 사람이 있는 창	몰래 보거나 누군가 몰래보길 바람
	위쪽에 커튼이 있고 아래에 사람이 있음.	과시욕, 예민하고 의심이 많음, 내성적, 불안, 과도한 자기절제
	아래에 커튼이 있는 창	불안감이 있지만 자기절제를 적절하게 하고 침착함
	1층에는 창이 있고 2층엔 없음	현실생활과 공상하는 생활이 다름
	2층에는 창이 있고 1층엔 없음	적대적, 내성적
	지나치게 많은 격자	강박증, 학대 성향
굴뚝		대표적인 적응 문제, 거세불안, 동질성, 내적 부담, 인간관계와 가족구성원 관계의 온기를 추구, 연기가 나는 굴뚝은 충돌, 내적 긴장 의미. 그림에 굴뚝이 있을 경우는 가정이 주는 온기에 지나치게 집중하고 권력에 관심이 있음을 의미. 굴뚝이 생략되어 있을 경우는 수동적, 가정의 온기를 바라는 마음이 없음(문화차이로 집에 굴뚝이 없는 경우는 정상적인 현상).
	'+'자형 굴뚝	종교적인 영향 강조

집의 모양		특징
굴뚝	음경 모양의 굴뚝	성과 관련된 능력에 관심
	'X'모양 굴뚝	신체와 관련된 부분에서 관념적인 충돌 존재
	검게 칠한 굴뚝	공격성, 갈등 표출
	벽돌 굴뚝	드러내고 싶어 함, 생식기, 성 추구, 남성이나 여성적 기능 쇠약, 갱년기
	굴뚝 강조	가정의 온난함, 성 능력, 권력에 관심 많고 창조 자극
	굴뚝 없음	흔히 보는 상황으로 정상임. 단, 부정적이거나 심리적인 따뜻함 결여될 수 있음.
	왼쪽에 그린 굴뚝	동력이 강하고 지배하려는 성향, 건강함, 성기능 왕성.
	중간에 그린 굴뚝	드러내고 싶어 함, 굴뚝이 가늘고 높으면 부성애 결려됨, 실천력 약함, 외로움.
	오른쪽에 그린 굴뚝	화풀이 대상, 갈등. 공개적, 독립성, 남성 성향이 있는 여성, 연기가 낮을수록 억압을 많이 받음
	한 줄로 그린 굴뚝	가정의 온기와 관심 결여
연기	과도하게 많은 연기 (짙은 연기)	가정 갈등, 내적 긴장과 초조
	원형인 연기	유아: 학습, 성인: 유치함. 꾸미는 성향 강함
	바람에 흩날리는 연기	환경의 부담을 느낌
	연기가 서로 다른 방향으로 날아감	미래에 비관적, 현실 판단력 결여
	연기방향: 왼쪽에서 오른쪽	보수적
	연기방향: 오른쪽에서 왼쪽	비관적, 의기소침, 스트레스, 역행, 변태 성향, 동성연애
방		특정 방을 강조해서 그릴 경우 특별한 의미가 있음

집의 모양		특징
방	욕실 강조	청결 중시, 결벽증, 자기 돌봄, 안정한 대피소 갈망, 가정폭력 경험이 있는 사람
	침실 강조	안전한 대피소 의미, 휴식과 사생활의 장소
	주방 강조	식욕을 만족하는 곳, 강렬한 사랑 요구
	거실 강조	인간관계와 자신의 사회관계망에 관심
	게임방 강조	게임과 여가 중시, 집무실: 일 중시
복도와 계단		타인과의 교류를 바라는 마음 상징, 타인을 환영함
	문 앞에 긴 길이나 계단	신중하게 타인이 다가오게 함
	집으로 들어갈 수 없는 집	타인과 소통하기 원하나 걱정하고 망설임
	적당한 길	인간관계에 능수능란함
	문 앞 계단	자아중심, 오만, 현실과 동떨어짐, 타인과 거리 유지
	집 측면에 위치한 계단	회피, 직면할 용기 결여
	디딤판이나 허공으로 향하는 벽	진입하는 데 갈등
	비율이 정확하고 쉽게 그린 길	사회성에 익숙하고 능수능란함
	집으로 향하는 긴 길이나 계단	방어적

3.4 부수적인 요소 해석

표4) 부수적인 요소가 갖는 의미

부수적인 요소		해석
길, 꽃, 나무	구불구불한 길	길은 외부세계의 정보를 받는 곳이며 타인에게 받는 환영을 의미, 집에 난 길은 교류 능력을 의미
		경계 , 사교성 결여, 사교 회피
	집에서 먼 길	겉으로는 사교적이나 실제로는 도망가고 싶어 함
	두 직선으로 그린 길	직설적, 노골적
	휘어진 길	간접적인 교류, 자기보호, 인간관계 원만
	왼쪽으로 향한 길	오랜 친구 중시
	오른쪽으로 난 길	새로운 친구 중시
	길에 돌이 있을 경우	꾸미기 좋아함, 내성적, 원만함
	길 안에 돌이 있는 경우	길가에 둥근 돌이 뱀처럼 있을 경우--성, 바람 잘 핌, 정절을 지키지 않음
	둥근 길	퇴행, 유치함
	창 아래 길이 있는 경우	벗어나려는 성향. 학생: 학업 도피, 죄를 짓고 도피하려는 성향, 집으로 도망침
	집 뒤에 길이 난 경우	밖으로 도망침
	산에 길이 있는 경우	지름길을 가고 싶음
	가정과 직접적인 관계가 없는 꽃	불안감, 안전성 유지, 나르시시즘
	나무가 집을 가린 경우	의존욕구 강렬, 부모의 지배, 부모와 자녀 관계 긴장
	작은 화초, 정원, 연못의 작은 동물 등	정신연령 낮음, 천진난만
	작은 나무와 꽃	특정인을 상징

부수적인 요소		해석
산		보호 추구, 안전 둥근 산봉우리: 마더 콤플렉스 뾰족한 산봉우리: 노력, 공격성
둘러싼 담, 웅덩이		자기방어, 외부의 간섭 싫어함, 의심 많음, 부적응
태양		흔히 그림에서 보이는 요소이며 특히 아동이 그린 그림에서 자주 등장함. 성인이 그린 경우--따뜻함을 원하며 권위적인 관계와 미성숙을 나타냄
	왼쪽	유치함
	중간	강한 에너지, 자기중심
	오른쪽	여자: 아버지에 연연 남자: 아버지 배척, 독립 추구
	왼쪽 태양, 오른쪽 달	아동적인 성향, 환상
	어두운 태양	걱정과 근심
	크기가 1/4인 태양	에너지가 약함, 동력 부족
	태양을 향함	따뜻함이 필요, 온기 찾고 있음
	태양과 멀어짐	따뜻함 거부
	웃는 태양	의인화한 경우 유치원 아동 수준
	햇빛을 묘사한 선 길이가 같을 경우	초등학생 수준
	햇빛을 묘사한 선 길이가 다를 경우	청소년 수준
	햇무리가 있는 태양	남들과 다른 인격, 숨기는 장소가 있음
	구름에 빛이 가려진 태양	햇빛이 회전하는 모양: 과거 따뜻했던 나날에 연연함
	원경(遠景)이 큰 태양	지배당함, 종속, 공포

부수적인 요소		해석
태양	햇빛이 나무 위에 모인 경우	권위에 지배되거나 지배되길 바람, 감정적인 욕구가 만족을 얻지 못함, 권위적인 인사의 지원을 바람
	저무는 해	우울
별과 달이 있는 배경		모성애 갈망, 외로움
	달	우울
	별	박탈
구름		생활에 관심 보임, 초조, 머릿속에 꽉 찬 걱정되는 일이 있음, 우울
	먹구름	재해, 상처, 걱정, 공격성, 권위적인 인사에 저항, 불만
	왼쪽 먹구름, 오른쪽 태양	곧 다가올 상처나 재해
	오른쪽 먹구름, 왼쪽 태양	재해와 어려움이 사라짐
	먹구름을 여의주처럼 그림	예술성, 남과 다름, 미적 추구
제한된 범위 (울타리, 난간, 담, 변경, 경계선 등)		전형적인 방어심리, 안전성 결여를 상징, 생활과 일에서 안전을 느끼지 못하고 안심하지 못함. 내면 깊은 곳에 가장 기본적인 욕구는 안전감, 신뢰하는 관계를 갈망, 주위 친구가 자신에게 진실하기를 바람. 세상을 서로 다른 부분이나 내외 영역으로 나눔. 대부분 생활을 가장 핵심적인 범위 안에서 하며 타인이 자기 영역에 들어오는 것을 침해당했다고 생각하고 도망가거나 문을 닫음
동물	기러기떼	원대한 목표, 미래가 밝음
	매	개인적인 노력
	참새	거세불안, 무능
	까치	기쁜 일, 경사
	딱따구리	자기치유
	나비	잡을 수 없는 사랑

부수적인 요소		해석
동물	문어나 해파리	퇴행, 원시 행위, 게으름
	물고기	자유
	송충이	성인: 퇴행, 일처리 굼뜸, 게으름. 아동: 기생충이 많이 보임
꽃잎		아름다운 사랑, 사랑과 아름다움 갈망
눈		내면의 차가움, 우울, 자살 성향
비		정서 저하

3.5 집, 나무, 사람의 전체 구도

표5) 전체 구도에 담긴 의미

전체 구도		해석
원근감	적당한 원근감	적당한 협동, 현실감, 침착함, 계획성
	지나치게 멀리 떨어져 있는 경우	현실 회피, 과도한 비판, 걱정, 불안, 자기비하
	원근감 없는 경우	조정하는 능력 부족, 문제의 표면적인 부분만 봄, 정신적인 미성숙
종이 활용 크기	과도하게 큼 (종이의 2/3 이상)	자기존재 강조, 과도한 활동, 환경 감지에 부담이 없음, 내적으로 긴장, 조병(미쳐 날뜀), 망상, 공격, 환상, 적의 상징. 유치, 과장, 보상적인 방어와 무력과 효과 없는 감정적인 위장, 침해, 위협, 공격성, 활동적, 감정적, 솔직

전체 구도		해석
종이 활용 크기	과도하게 작음 (종이의 1/9 이하)	환경에 부적응, 자기억압, 내성적, 자존심 약함, 자기 무기력, 자기비하, 자괴감, 초조불안, 무뚝뚝, 겁이 많음, 수줍음, 활동적이지 않음, 정서 저하, 정신적인 동력 부족, 퇴행, 부적응, 자아정체성과 안전감 결여, 위축, 의존, 자아 개념 약함, 퇴화. 자아의식이 무너지면 초조하고 우울해 함
그림 그리는 과정	가장 먼저 그리는 부위와 사물	가장 관심 있는 부분
	여러 차례 그린 흔적	갈팡질팡, 우유부단, 완벽주의, 자기불만, 초조함, 진실한 자아를 숨김
	시간을 많이 들여 그린 단순한 그림	진실한 자아를 보이고 싶지 않음, 생각이 지나치게 많음
	자신이 그린 그림에 불만족	만족하지 않는다고 찢어버리기: 완벽주의
		마음에 들지 않지만 계속해서 그림: 목표 달성을 못해도 좌절하지 않고 신경 쓰지 않음
	반 정도 그리고 종이를 바꿈	자신이 그린 그림을 보고 놀라서는 다시 그림: 정리하는 과정
비율이나 비중이 맞지 않는 경우 (여백이 2/3 이상)	중심	가장 보편적으로 볼 수 있는 상황, 안전감 의미. 자아의식 강함, 자아중심. 성인: 내재된 불안감, 내면의 균형을 위해 노력, 자아절제 아동: 자아중심, 적응력 부족, 객관적으로 환경 인식 어려움
	좌측	감정 대표, 과거의 생활과 내적 생활, 자아의식, 여성화. 충동적, 자기연민, 과거 연연, 과거 회상, 과거에 집중

전체 구도		해석
비율이나 비중이 맞지 않는 경우 (여백이 2/3 이상)	우측	이성적, 미래의 생활과 외부 생활, 객관적 인식, 남성화. 이성과 자아 절제 의미, 현재가 아닌 미래와 미래에 대한 동경에 집중.
	위	고차원적인 포부, 원대한 목표, 노력, 공상하면서 만족 추구, 자아존재의 불확정성, 자아와 타인의 거리 유지, 다가가기 어려움, 낙관적, 불합리적인 낙관. 환상, 통찰력 부족, 자기에 대한 기대 높음, 욕망 큼
	아래	결핍, 실패감, 불안감, 비협조적, 우울, 실제 사물이 자기 주변에 있어야 안정, 현실 중시, 자신감 결여, 비관주의, 안전에 관심, 안전감 결여, 부적응, 우울, 슬픔, 정서 저하, 마더 콤플렉스
	가장자리	안전과 자신감 결여, 의존적, 독립을 두려워함, 새로운 것을 회피, 환상에 빠짐
잘림	화면에 가득 참	외향적, 활동력 강한 편
	종이 방향 바꿈	외부세계에 대한 반항, 공격성
	아래 잘림	내면의 충동, 억압 충동, 가치의 통일 유지, 인간관계를 통해 드러냄, 자기 충동, 적대적이고 억압일 때 나타남, 독립적이고 자주적인 행동을 할 때 외부 압력의 장애 받음
	위 잘림	나무에서 자주 볼 수 있는 현상, 현실에서 실현되지 못한 것에 불만, 공상에 잘 빠짐, 실천보다 생각이 앞섬, 지식욕 강함
	왼쪽 잘림	미래를 두려워 함, 과거에 집착, 솔직하고 자유롭게 자기감정 표현, 남에게 의지, 망설임, 강박증

전체 구도		해석
잘림	오른쪽 살림	과거에서 벗어나 미래로 들어가고 싶어 하는 욕구, 솔직하게 자기감정 표현, 과거의 경험에 공포를 느낌, 이성적으로 자기행동 절제, 나무 외에 잘린 화면: 생활공간에서 벗어남, 사회적응력 떨어짐
펜의 눌림과 선의 짙음	확고하고 과감함	안전, 확고부동, 야심
	방향 결정 못하고 모호한 선, 중간에 끊긴 선	불안전, 망설임
	연속된 직선	결단, 긍정적
	연속된 곡선	둔함, 망설임, 의존적, 정서적 의지 나약, 순종
	끊겼다 이어졌다 함, 구부러짐	망설임, 굼뜸, 의존적 성향 강함, 감정적, 나약, 순종
	톱니 같은 선	난폭, 감정적, 적응 장애
펜의 눌림과 선의 짙음	펜 눌림이 강함	정신적 동력 강함, 자기주장 강함, 과도한 자신감, 적극적인 행동, 생각 민첩, 자신감, 결단력
	과도하게 눌린 필적	자신감, 에너지, 정신적인 긴장, 공격성, 화를 잘 내고 난폭, 심리적인 긴장, 병적인 인격, 급성 정신장애, 기관조직질환(뇌염, 정신착란)
	내부 선은 연한 데 반해 윤곽선이 짙음	총명하고 사리분별 정확, 자아인격 일치 위해 노력, 내면의 긴장, 인물이 정면일 경우: 자아의식 강함, 정신착란, 사교 욕구 강함. 측면일 경우: 내성적, 나르시시즘
	눌림 정도가 약함	망설임, 위축, 두려움, 안전감 결여, 환경 부적응, 정신적 동력 약함, 열등감, 무력함, 자신감 결여, 초조불안, 우울, 공포, 심리적 결함, 에너지 부족
선	수평 이동	무력, 두려움, 허약, 공포, 자기보호, 여성성

전체 구도		해석
선	수직 이동	남성의 자신감, 결단력, 결심, 과잉행동
	곡선	건강한 자아, 전통을 혐오함
	경직된 직선	융통성 결여, 고집, 공격
	긴 선	자기절제, 행동절제, 절제된 행동, 억압
	짧은 선 (짧고 연속적이지 않음)	충동적, 흥분 잘함
	매우 짧은 곡선, 스케치 하듯 그림	초조, 불확실성, 억압, 겁이 많음
	직선	자기주장, 공격적, 사교와 일 처리 적응력 부족
	이어지지 않은 선	적대감
	둥근 선	여성성, 의존성, 속박 받지 않음, 건강, 적응력 강함
	방향이 바뀐 선	자기견해 없음, 초조불안, 안전감 결여, 억압, 소심
	방향이 변하지 않은 선	목표를 향해 노력, 안정, 인내심
	연결되지 않은 선	자아붕괴, 불안정, 인내심 부족, 자신감 결여, 현실과의 접촉 상실, 초조불안,
그림자와 음영	그림자	의식 속 불안, 내적 갈등
	음영	인간관계에 예민, 불안, 강박, 우울, 퇴행, 공상, 외부세계에 적대감과 불안
지우기	반복 지우기	결단력 결여, 자신감 부족, 불안, 과도한 요구, 완벽주의
	일부 반복 지우기	심한 갈등, 의식적인 불안
	그릴수록 엉망이 됨	심리적인 병태
대칭성	비대칭	인격통일성 장애, 균형 상실, 충동, 과도한 활동

전체 구도		해석
대칭성	과도한 대칭	강박증, 감정적 냉담, 타인과의 거리 유지, 억압, 충동, 이성
투명성		정서장애, 뇌기관 조직 손상, 자아와 외부관계 인식 장애, 심리적인 혼란
입체성	위에서 아래(조감도)	적극성, 우월감, 속박 받지 않음, 부적응
	아래에서 위(저면도)	환경과 접근이 어려움, 가정에 배척당함, 열등감, 내성적, 사교적이지 못함
방향	집, 나무, 사람 모두 정면	퉁명스러움, 비타협적
	측면을 향한 옆모습	회피, 내성적, 외부와 숨어서 접촉, 자아방어, 과도한 경계
방향	사람의 뒷모습	사람과 사물에 대한 거부와 부정, 특정적인 것에 관심
	몸은 정면, 얼굴은 측면	사회와의 접촉 문제, 정직하지 않음, 노출증
	전체가 측면을 향한 사람	내성적, 사교적이지 않음, 자기 은폐, 자기 방식으로 외부와 접촉
세밀함	세밀하게 묘사	실제적이고 구체적인 의식, 자기 처리능력에 관심
	과도하게 묘사	중점적인 것 중시, 환경에 과도하게 관심, 강박증, 정서 혼란, 건강염려증, 신경증, 병태적인 인격
	세밀하지 않음	정신적 동력 저하, 내성적, 우울, 지능 결함, 부적응
지평선	과도하게 짙음	안전감에 관심, 초조불안
	아래로 내려감	자기고독, 어머니의 의존, 노출 경향
	오른쪽 아래	미래에 대한 불확실성, 위기감
	왼쪽 아래, 오른쪽 위	미래를 향한 노력 인식

주의사항		문장의 언어만 의존해서 타인을 분석하는 것은 위험하다. 그림 분석은 동태적인 과정이므로 전제적인 부분에서 개별적으로 분석해야 한다. 그림 분석은 전문적이고 신중해야 한다.

3.6 색채 해석

표6) 색채 해석

색채		해석
과도하게 색채 사용	빨강	분노
	어두운 계열	우울
	화려한 계열	조급증
	옅어서 선명하지 않은 색	자기 은폐
사용한 색채 수	단색이나 두 종류	냉담
	3~5 가지	정상, 대다수 사람들이 이 정도 개수 사용
	5가지 이상	조급증